JOSEPH
PIERCY

LEKTIONEN
FÜRS
LEBEN

JOSEPH
PIERCY

LEKTIONEN FÜRS LEBEN

LEBENS-
WEISHEITEN
AUS
100 WERKEN
DER
WELT-
LITERATUR

Aus dem Englischen von Jan Strümpel

ANACONDA

Die englische Originalausgabe erschien 2023 unter dem Titel
Life Lessons from Literature
bei Michael O'Mara Books in London.
Copyright © Michael O'Mara Books Limited 2023

Der Verlag behält sich die Verwertung der urheberrechtlich
geschützten Inhalte dieses Werkes für Zwecke des Text- und
Data-Minings nach § 44 b UrhG ausdrücklich vor.
Jegliche unbefugte Nutzung ist hiermit ausgeschlossen.

Penguin Random House Verlagsgruppe FSC® N001967

Die Deutsche Nationalbibliothek verzeichnet diese Publikation
in der Deutschen Nationalbibliografie;
detaillierte bibliografische Daten sind im Internet unter
http://dnb.d-nb.de abrufbar.

© 2024 by Anaconda Verlag, einem Unternehmen
der Penguin Random House Verlagsgruppe GmbH,
Neumarkter Straße 28, 81673 München
Alle Rechte vorbehalten.
Umschlagmotiv: Adobe Stock / Tatyana Yagudina
Umschlaggestaltung: www.katjaholst.de
Satz und Layout: satz-bau Leingärtner, Nabburg
Druck und Bindung: GGP Media GmbH, Pößneck
Printed in Germany
ISBN 978-3-7306-1365-8
www.anacondaverlag.de

In liebender Erinnerung an Dr. Alan Piercy
(13. März 1941 bis 9. Januar 2023)

INHALT

Einleitung 9

1. Kapitel **Liebe und Beziehungen** 17

2. Kapitel **Mensch und Gesellschaft** 49

3. Kapitel **Unterdrückung und Kampf** 107

4. Kapitel **Psychologie und Persönlichkeit** 145

5. Kapitel **Geschichte und Erinnerung** 183

Dank 211

Register der Autorinnen und Autoren 213

Register der Werke 215

EINLEITUNG
BEKENNTNISSE EINER LESERATTE

Ich habe mich zu erinnern versucht, welches das allererste von mir gelesene Buch war. Ich meine das allererste ›richtige‹ Buch, das erste Erwachsenen-Buch, den ersten mehr als 200 Seiten dicken Roman. Früh habe ich die Bücher von Roald Dahl gelesen, oder besser: verschlungen, die ganzen Romane des schwedischen Autors Nils-Olof Franzén rund um den Meisterdetektiv Agaton Sax und andere Kinderbuch-Klassiker. Aber was war das erste Buch, das wirklich zu mir sprach, das einen bleibenden Eindruck in mir hinterließ und mir etwas über das Leben und die Welt erzählte? Ich denke, es war *Unten am Fluss* (1972) von Richard Adams, vordergründig ein Roman über Kaninchen, dabei zugleich ein Buch über Glauben und Politik, das den Heldenmythos aufgreift und den zeitlosen Erzählstoff vom Streben nach Freiheit und dem Kampf gegen Unterdrückung und Tyrannei. Ein früher Fall von Öko-Thriller war es zudem auch noch. Das Buch umfasst über 500 Seiten, und ich weiß noch, wie ich nach dem Umblättern der letzten Seite dachte, jetzt hast du etwas geleistet, dass ich aber auch ein eigenartiges Gefühl von Verlust empfand. Ich war derart tief abgetaucht in die

Geschichte, dass mir einige der Figuren richtig ans Herz gewachsen waren. Sie fehlten mir bereits, ich begehrte nach mehr. Fast 25 Jahre später sollte Richard Adams eine Art Fortsetzung seines Romans vorlegen, aber da hatte ich mich längst weiterentwickelt, wobei die Kaninchen aus *Unten am Fluss* immer einen Platz in meinem Herzen und Denken haben werden.

Der große russisch-amerikanische Schriftsteller Vladimir Nabokov behauptete in seinem berühmten Essay »Gut lesen und gut schreiben«, dass »man ein Buch nicht einfach *lesen* kann: man kann es nur *wieder* lesen«. Ich frage mich, wie es mir wohl mit *Unten am Fluss* ginge, würde ich es heute wieder lesen. Die Geschichte, die die Fantasie des Achtjährigen angeregt hatte, wird meinen gut fünfzig Jahre alten strapazierten Geist wohl kaum in vergleichbarer Weise in ihren Bann schlagen. Dafür dürfte ich jetzt Dinge darin erkennen, die mir beim ersten Durchgang mit Sicherheit entgangen sind, was ganz normal ist angesichts meiner begrenzten Welterfahrung als junger Leser. So würde ich das Buch wohl am Bechdel-Test (einer Art Geschlechterklischee-Test) scheitern sehen, was den Anteil und die Rolle weiblicher Kaninchen in dieser Geschichte betrifft. Es ist eine verbreitete Kritik an Adams' Roman, dass die weiblichen Kaninchen im Wesentlichen nur beim Thema Fortpflanzung von Bedeutung sind (wobei, hier geht es um Kaninchen, und die vermehren sich nun mal ziemlich munter). Ich wollte mir meine schönen Erinnerungen an *Unten am Fluss* nicht trüben lassen, daher habe ich mich Nabokov zum Trotz gegen eine erneute Lektüre entschieden, und so erinnere ich mich der Abenteuer von Hazel, Fiver, Bigwig und General Woundwort für alle Zeit durch den Filter meiner kindlichen Fantasie.

Bei der Arbeit an diesem Buch hielt ich mich dann aber doch an Nabokovs Maxime, denn ich bin zu vielen Büchern zurückgekehrt, die ich in verschiedenen Phasen meines Lebens und auf verschiedenen Stufen meiner geistigen Entwicklung gelesen hatte. Es war schon interessant zu sehen, wie ganz anders ich bei der Wiederbegegnung auf die Figuren und die Erzählweise mancher Bücher reagierte, mit denen ich mich zum Teil vor über dreißig Jahren zuletzt beschäftigt hatte. Nabokov zufolge findet der konkrete Leseakt, also wie die Augen die Seiten abtasten und das Gehirn die Wörter verarbeitet, so statt, dass manche inhaltlichen oder stilistischen Feinheiten, die einem Roman seine Substanz verleihen, bei der ersten Lektüre oft übersehen werden. Das kann man so und so sehen, denn es kommt gewiss ein Stück weit darauf an, wie intensiv und zu welchem Zweck sich jemand mit dem Text befasst. Ich gebe Nabokov durchaus recht, dass man bei der erneuten Lektüre Details erkennt, die zuvor überlesen worden waren, aber ich würde sagen, das hängt doch alles sehr davon ab, wie sich die persönliche Sicht eines Menschen auf die Welt und die Gesellschaft im Lauf der Zeit verändert hat. Nehmen wir als Beispiel *Schlachthof 5* von Kurt Vonnegut, das ich erstmals mit Anfang zwanzig auf der Uni im Grundstudium gelesen habe. Ich mochte den Roman sehr; über ihn erfuhr ich manches zur Bombardierung Dresdens durch die Alliierten, wovon ich bislang nichts gewusst hatte (Siegern eines Konflikts werden ihre Kriegsverbrechen selten vor Augen geführt), er brachte mich zum Lachen, und ich schwelgte in seinem trashigen, psychedelischen, sciencefiction-mäßigen Wahnwitz. Als ich das Buch dreißig Jahre später wieder las, staunte ich darüber, wie voller Zorn es ist und wie sehr durchdrungen von quälender Melancholie. Sicher, in dem Roman geht es auch witzig zu, aber die Scherze sind traurig und voller Galgenhumor und haben nichts von der wilden, düsteren Dreistigkeit, die ich in Erinnerung hatte.

Auch mit E. M. Forster habe ich mich auf der Universität befasst, und ich fand seine Bücher unfassbar langweilig. Ihre komisch gemeinten Elemente wirkten gedrechselt und künstlich auf mich, und die darin verankerte Kritik am viktorianischen Biedersinn oder dem Widerstand gegen die Moderne ließ mich kalt. Es macht bekanntlich einen Unterschied, ob man zum Vergnügen liest oder es tut, weil man eine Hausarbeit schreiben oder eine Prüfung ablegen muss, und so war meine Sicht auf Forster durch die Studiensituation wohl verstellt. Als ich jedenfalls drei Jahrzehnte später *Zimmer mit Aussicht* wieder las, war ich begeistert von der feinsinnigen Ironie, dem zarten Humor und dem kompakten Stil, die mir bei der ersten Lektüre allesamt entgangen waren.

Dieses Buch ist der Freude am Lesen (oder Wiederlesen) gewidmet und möchte aufzeigen, wie die Beschäftigung mit Klassikern der Literatur unser Verständnis von der Welt und dem Dasein erweitern kann. Die »Erkenntnisse daraus« wollen nichts feststellen; jeder Mensch liest anders, zieht jeweils eigene Dinge aus diesem oder jenem Buch und reagiert ganz individuell auf seine Themen und Gedanken. Es geht mir nur um ein paar Betrachtungen zum Charakter der hier ausgewählten Romane und darum, einen Eindruck ihrer jeweiligen »Geschmacksrichtung« zu vermitteln. Ein Satz noch zu Spoilern: Ich habe so weit es ging versucht, nicht die ganze Handlung eines Romans zu verraten, aber hier und da war es unmöglich aufzuzeigen, wie ein Thema oder eine bestimmte Intention konkret umgesetzt wurde, ohne auf Schlüsselszenen des Erzählten Bezug zu nehmen. Diese Einführungen wollen nichts als Lockvögel sein; es gibt Tausende andere, noch unentdeckte Wege, ein Buch zu genießen oder zu interpretieren.

Die fünf Kapitel widmen sich thematischen Aspekten, die prägend sind für Romane aus früheren Zeiten. Den größten Raum nimmt das Kapitel über *Mensch und Gesellschaft* ein. Das ist kein Wunder, denn Romane stecken voller Figuren mit menschlichen Eigenschaften (wenn auch manchmal in Form sprechender Kaninchen), und die Erwartung an einen Roman ist seit jeher, dass er der Gesellschaft einen Spiegel vorhält. Die anderen vier Kapitel befassen sich ebenfalls mit Romanen über Menschen und die Gesellschaft, aber in enger gefasster oder spezifischerer Form durch Sezieren der Psyche oder die Darstellung von Konflikten. Selbstverständlich hätten etliche Romane in gleich mehreren Kapiteln ihren Platz gefunden. *Tess von den d'Urbervilles* zum Beispiel wird im Kapitel über Liebe und Beziehungen behandelt, könnte aber genauso gut in den Kapiteln über Unterdrückung und Kampf oder Mensch und Gesellschaft vorkommen – je nachdem, auf welchen Themenbereich in dem Werk man den Schwerpunkt legt.

Bei der Auswahl der Werke wurde auf eine internationale Bandbreite geachtet, die verschiedene Kulturen widerspiegelt.

Man neigt unbewusst zum Bevorzugen europäischer Romane, zumal der Roman in seiner modernen Form ja in Europa entstand und immer weiter ausdifferenziert wurde. Aber ich hatte auch große Freude am Entdecken von Büchern, die ich noch nicht kannte, speziell Romanen aus Asien. Die Auswahl ist überwiegend subjektiv – wie jede Auswahl dieser Art – und erhebt keinerlei Anspruch darauf, irgendwie maßgeblich oder in Stein gemeißelt zu sein. Aber interessanterweise begegnet man bei der Internet-Recherche nach Listen von der Sorte »Die 100 besten Romane in englischer Sprache« oder »Die 100 größten Romane des 20. Jahrhunderts« vielen der hier behandelten Titel häufig wieder, und das zeugt doch von gewisser Einigkeit über den »Klassiker«-Status einiger Werke. Eines bedauere ich sehr, nämlich dass sich so wenige Schriftstellerinnen in der Auswahl befinden. Dies hängt direkt damit zusammen, dass Frauen in der Vergangenheit so wenige Chancen hatten, zu schreiben und auf sich aufmerksam zu machen. Inzwischen hat sich das geändert, einer Statistik aus dem Jahr 2022 zufolge wurden 70 Prozent der eintausend bestverkauften Romane in den USA von Frauen geschrieben. Wenn in einhundert Jahren jemand ein Buch wie dieses schreibt, wird das Verhältnis der Geschlechter darin wahrscheinlich – hoffentlich – deutlich ausgewogener sein.

Das Schöne an der Arbeit an diesem Buch war unter anderem, dass es meine Liebe zum Lesen neu befeuert hat. Man wird doch allzu leicht durch Smartphones und Computer abgelenkt, von Multimedia, dem Internet, der 24/7-Bestrahlung durch News, Streaming-Angebote usw. und findet dann gar nicht mehr die Zeit, sich mal entspannt hinzusetzen, zum Buch zu greifen und zu lesen. Ich habe beschlossen, das einfach wieder verstärkt zu tun und dafür mein Hirn weniger durch Videos von Skateboard fahrenden Katzen zuzukleistern. Aus Büchern lernen wir etwas über das Leben, die Welt um uns herum und die Menschen, die sie bevölkern, und was wir durch sie lernen, erweitert unser Verständnis von uns selbst und anderen.

Joseph Piercy

1. KAPITEL

LIEBE UND BEZIEHUNGEN

Die Erkundung der Liebe hat in der Weltliteratur eine weit zurückreichende Tradition. Die Gattung Liebesroman entsteht im 4. und 5. Jahrhundert im antiken Griechenland, hier etabliert sich der Erzählstoff von der verzehrenden Leidenschaft zwischen zwei Menschen, die zahlreiche Prüfungen bestehen und Hürden überwinden müssen, bevor sie ihre Liebe ausleben dürfen. Ein namhaftes Beispiel dieser Gattung ist die – erst Mitte des 16. Jahrhunderts in andere europäische Sprachen übersetzte – *Aithiopika* des Heliodoros von Emesa. Am Muster dieser Geschichte orientierten sich viele Schriftsteller wie Miguel Cervantes und William Shakespeare oder im 17. Jahrhundert der Dramatiker Jean-Baptiste Racine, der sie sein Lieblingsbuch nannte.

Im 19. Jahrhundert hatte sich der Liebesroman als literarische Form etabliert. Inzwischen wurden Frauenfiguren in ihrer Individualität und mit ihren eigenen Sehnsüchten ernster genommen und positiver dargestellt. Die Romane von Jane Austen und der Brontë-Schwestern waren wichtige Beiträge zu diesem Wandel hin zur Psychologie der Liebe und des Begehrens. Das Spektrum ihrer literarischen Darstellung reicht von der tragischen Liebe, die unter einem schlechten Stern steht, mit Shakespeares *Romeo und Julia* als dem wohl berühmtesten Beispiel, bis zu den romantischen Komödien der heutigen Unterhaltungsliteratur. Andere Romane loten psychologisch die Untiefen der Liebe aus, dann entwickelt obsessive Liebe eine zerstörerische Kraft. Gleich aus welcher Richtung das Thema Liebe angegangen wird, immer machen fiktionale Geschichten uns Lesenden ein Angebot, sich selbst darin wiederzuerkennen und über das eigene Verständnis von der Liebe nachzudenken.

CHARLOTTE BRONTË
JANE EYRE

Worum es geht
Ein schauriger Liebesroman, erzählt entlang
der sittlichen und geistigen Entwicklung
seiner willensstarken Heldin gleichen Namens.

Die Erkenntnis daraus
Erfüllung im Leben kommt aus einer Liebe,
deren moralischer Kompass unerschütterlich ist.
Bleib deinen Grundsätzen immer treu,
was immer auch das Leben dir an Steinen
in den Weg legt.

Jane Eyre (1847) ist der Inbegriff des im 19. Jahrhundert zur Ausprägung gelangten romantischen Schauerromans. Bevölkert von grausamen Grotesken samt düsteren Vorahnungen und den für sie typischen dunklen Geheimnissen, verwebt Charlotte Brontë vor schmuckloser Kulisse alle klassischen Elemente der *gothic novel* zu einem der ersten ikonischen feministischen Romane. Die Gleichberechtigung der Geschlechter wird zwar nicht direkt thematisiert, aber Jane ist willensstark, geistig unabhängig und prinzipienfest, auf Kummer und widrige Umstände reagiert sie mit großer innerer Stärke. Am Ende des Romans hat Jane finanzielle Unabhängigkeit und einen Status erlangt, die ihr erlauben, die Umstände ihrer Hochzeit mit Rochester selbst zu bestimmen, statt sie sich von ihm oder der patriarchal strukturierten Gesellschaft im viktorianischen England diktieren zu lassen. Ihre Unabhängigkeit in Geist und Seele bringt folgendes Zitat wunderbar auf den Punkt:

»*Ich vermag allein zu leben, wenn Selbstachtung und die Umstände von mir verlangen, dass es so sei. Ich brauche meine Seele nicht zu verkaufen, um Glück zu erkaufen. Ich besitze einen Schatz in meinem Innern, einen Schatz, der mit mir geboren wurde, der mich am Leben erhalten wird, wenn jedes fremde Glück mir fern bleiben sollte oder mir nur um einen Preis geboten wird, den ich nicht zu zahlen vermag.*«

GUSTAVE FLAUBERT
MADAME BOVARY

Worum es geht

Ein langweiliger Arzt aus der Provinz
heiratet eine attraktive, aber flatterhafte jüngere Frau,
die sich nach romantischen Abenteuern,
Intrigen und dem »schönen Leben« sehnt.
Im Versuch, der tristen Realität zu entfliehen,
lässt sich Emma Bovary auf zwei
zum Scheitern verurteilte Affären ein.

Die Erkenntnis daraus

Die Unfähigkeit, zwischen verklärten
Fantasiebildern und der Alltagsrealität
zu unterscheiden, kann zu einer Tragödie
und ins Verderben führen.

Die Titelfigur Emma Bovary ist eine tragische Heldin im klassischen Sinn, da sie von all dem, was fehlerhaft an ihr ist, letztlich zugrunde gerichtet wird. Es ist leicht, Emma mit ihrem Kopf voller oberflächlicher Fantasien für kapriziös und dumm zu halten. Und Flaubert macht sich auf Emmas Kosten durchaus lustig mit theatralischen Sätzen wie: »Sie wollte sterben, aber zugleich wollte sie auch in Paris leben.« Ihre Sehnsucht nach sozialem Status und materiellem Wohlstand kontrastiert mit der Trostlosigkeit und den Sitten auf dem Land; der Roman trug denn auch ursprünglich den Untertitel: »Ein Sittenbild aus der Provinz«.

All ihren Plänen und ihrem ehrlichen Streben zum Trotz bleibt Emma Bovary unerfüllt, da ihr Traum vom »schönen Leben« ihren Blick auf die Realität verzerrt hat, zumindest auf die Realität des von ihr erwarteten Lebens. Dieses Missverhältnis zwischen ihren hochfliegenden Schwärmereien und der geisttötenden Banalität von Emmas Leben sorgt für erheblichen Kummer und Frustration, wie die folgende Passage deutlich macht:

»Im tiefsten Grunde ihrer Seele harrte sie freilich immer des großen Erlebnisses. Wie der Schiffer in Not, so suchte sie mit verzweifelten Augen den einsamen Horizont ihres Daseins ab und spähte in die dunstigen Fernen nach einem weißen Segel. Dabei hatte sie gar keine bestimmte Vorstellung, ob ihr der richtige Kurs oder der Zufall das ersehnte Schiff zuführen solle, nach welchem Gestade sie dann auf diesem Fahrzeug steuern würde, welcher Art dieses Schiff überhaupt sein solle, ob ein schwaches Boot oder ein großer Ozeandampfer, und mit welcher Fracht er fahre, mit tausend Ängsten oder mit Glückseligkeiten beladen bis hinauf in die Wimpel. Aber jeden Morgen, wenn sie erwachte, rechnete sie bestimmt darauf, heute müsse es sich ereignen. Bei jedem Geräusch zuckte sie zusammen, fuhr sie empor und war dann betroffen, dass es immer noch nicht kam, das große Erlebnis. Wenn die Sonne sank, war sie jedes Mal tieftraurig, aber sie hoffte von Neuem auf den nächsten Tag.«

Verdirbt Flaubert die allgemeine Moral?

Als *Madame Bovary* 1856 zunächst als Fortsetzungsroman in der Literaturzeitschrift *La Revue de Paris* erschien, war die Aufregung groß. Flaubert wurde angeklagt, am Ende sprach ihn das Gericht vom Vorwurf der Obszönität und der »Verderbnis der allgemeinen Moral« frei, wobei das damit einhergehende Aufsehen erheblich zum Absatz des Buches und zum Ruhm des Schriftstellers beitrug. Die Staatsanwaltschaft war in Sorge, dass das Buch den Ehebruch im französischen Bürgertum verherrlicht und eine Hausfrau aus der Provinz als Urbild einer Nymphomanin darstellt. Das ist natürlich Unsinn, und längst gilt der Roman mit seinen Schlaglichtern auf ein spezielles Unbehagen im Bürgertum als Meisterwerk des Realismus im Europa des 19. Jahrhunderts. Kurioserweise vertrat der Chefankläger im Prozess die Ansicht, dass jeder Versuch, die Realität literarisch darzustellen, als Verstoß gegen die guten Sitten betrachtet werden sollte. Genau diese heuchlerische Haltung des aufstrebenden Bürgertums nimmt das Buch in subtiler Weise aufs Korn.

GABRIEL GARCÍA MÁRQUEZ
DIE LIEBE IN DEN ZEITEN DER CHOLERA

Worum es geht

Die ein halbes Jahrhundert umspannende Geschichte einer verbotenen Liebe vor dem turbulenten Hintergrund von Kriegen und Krankheiten.

Die Erkenntnis daraus

Liebeskummer lässt sich als eine Art Krankheit betrachten, die durch Geduld und Beharrlichkeit jedoch eines Tages überwunden und besiegt werden kann.

Diese Liebesgeschichte ist alles andere als konventionell und rührselig. Ständig durchkreuzt García Márquez die Erwartungen des Lesers – zum Beispiel, indem eine der Hauptfiguren unvermittelt durch einen Unfall zu Tode kommt. Als Fermina ihm ihre Liebe entzieht, schwört Florentino, ihr dennoch treu zu bleiben. Doch dann stürzt er sich, schier unersättlich, auf das schöne Geschlecht, umgarnt Hunderte von Frauen. Viele von ihnen sind unglücklich und gefährdet, Florentino jedoch zeigt wenig Verantwortungsbewusstsein oder schlechtes Gewissen angesichts dessen, was er tut, selbst wenn seine Affären in Selbstmord und Mord münden.

Der 1985 erschienene Roman erkundet die Vorstellungen von Liebe aus verschiedenen Perspektiven und in unterschiedlichen sozialen und historischen Kontexten. Die Liebe überwindet letztlich alle möglichen Belastungen und Tragödien, ohne dabei frei von Täuschungen und Selbstbetrug zu sein. Bei der Beerdigung ihres Mannes gesteht Florentino Fermina seine anhaltenden Gefühle für sie: »Auf diese Gelegenheit habe ich über ein halbes Jahrhundert gewartet, um Ihnen erneut ewige Treue und stete Liebe zu schwören.« Damit lädt er den Leser ein, sich von der Geschichte seiner Liebe forttragen zu lassen.

Schon gewusst?

Cholera heißt auf Spanisch *cólera*, was eine doppelte Bedeutung hat. Neben der Krankheit, die den Hintergrund für den Roman bildet, kann *cólera* auch leidenschaftliche Wut bedeuten. Der Titel ist also ein Wortspiel, es verbindet die Krankheit der Liebe mit den Emotionen und der Wut, die ihr innewohnen. Möglicherweise ist das Engagement von Doktor Juvenal Urbina, die Stadt von der darin wütenden Cholera zu befreien, auch eine Metapher für die Befreiung seiner Frau Fermina vom Furor ihrer Leidenschaft für Florentino als junge Frau.

VLADIMIR NABOKOV
LOLITA

Worum es geht
Die Geschichte der verzehrenden Begierde
eines gebildeten, mittelalten Mannes nach
einem zwölfjährigen Mädchen und
deren verheerende Folgen.

Die Erkenntnis daraus
Pädophile Menschen manipulieren, nötigen und
täuschen alles und jeden um sich herum,
ohne sich um ihre moralische Verderbtheit
und Grausamkeit zu scheren.

Dies ist der berühmteste Roman des russischen Emigranten Vladimir Nabokov, erschienen 1955, und sicherlich sein umstrittenster. Der Held berichtet in Form einer Ich-Erzählung von seiner obsessiven Liebe zu seiner zwölfjährigen Stieftochter Lolita. Dabei ist Humbert Humbert kein gewöhnlicher Pädophiler. Er ist kultiviert, attraktiv, charmant und geistreich und erzählt in ergreifend schöner Sprache von seinem quälenden Verlangen nach dem Objekt seiner Zuneigung.

Humberts angsterfüllte Schilderungen sind so herzzerreißend und mit derart scharfem Blick für Details, voll cleverer Wortspiele und Ironie, dass man es dem Leser (den Humbert regelmäßig direkt als Mitglied einer imaginären Geschworenen-Jury anspricht) fast nachsehen muss, wenn er seinem Flehen um Gnade und Verständnis stattgibt.

Nabokov spielt dem Leser unentwegt Streiche und vollführt Taschenspielertricks. Als Humbert sein Verlangen nach Lolita befriedigt hat, beginnt die Sympathie für ihn nachzulassen, und im Verlauf des Romans wird das ganze Ausmaß seiner erbarmungslosen Manipulation und Herrschaft über Lolita zunehmend deutlich. Humbert ist ein höchst unzuverlässiger Erzähler, und dem Leser wird jeglicher Einblick in Lolitas Innenwelt und Gedanken verwehrt, stattdessen werden ihm dürftige Versuche der Selbstrechtfertigung präsentiert. Gegen Ende wandelt sich die Empörung über dieses Monster fast wieder in ein Gefühl von Mitleid, denn Humbert ist zu einer erbärmlichen Gestalt geworden, ausgehöhlt und zerstört durch seine Obsession und seine Taten, nicht einmal mehr der moralischen Abscheu des Lesers wert.

Dies ist ein verblüffender Roman mit vielen Ebenen und reich an Erfindungskraft, seine Prosa gehört zum Schönsten, was in englischer Sprache geschrieben wurde. Das Buch hat jedoch auch seine Kritiker, denen Nabokovs fröhliche Finten und Wortspiele angesichts dieses so überaus schändlichen Themas nicht geheuer sind. Die genannte Erkenntnis daraus ist ziemlich sinnfällig und naheliegend, aber es lassen sich noch komplexere Lehren aus *Lolita* ziehen, was nämlich das Wesen der menschlichen Grausamkeit und der Gleichgültigkeit gegenüber dem Leiden anderer betrifft. Hat man diesen Roman einmal durch, schreit er danach, noch einmal gelesen zu werden, denn er steckt voller Spuren, Sprachspiele und Anspielungen, die man beim ersten Mal leicht übersieht, die aber eine genauere Betrachtung lohnen.

JANE AUSTEN
STOLZ UND VORURTEIL

Worum es geht
Die Geschichte der stürmischen Beziehung
zwischen der Tochter eines Gutsbesitzers vom Lande
und einem wohlhabenden Aristokraten.

Die Erkenntnis daraus
Die hässlichen Sünden Stolz und
Voreingenommenheit gefährden die Aussichten
auf Glück und dass sich erfüllt,
wonach das Herz im Tiefsten verlangt.

Stolz und Vorurteil (1813) ist der bekannteste und populärste Roman von Jane Austen. Die Geschichte handelt von der Beziehung zwischen Elizabeth Bennet, der temperamentvollen Tochter eines Gutsherrn, und Mr Darcy, einem reservierten Aristokraten. Beide können einander zunächst nicht leiden, dann fühlen sie sich entgegen ihrem anfänglichen Gefühl immer stärker zueinander hingezogen. Parallel zum turbulenten Hin und Her in der Beziehung des Haupt-

Paares haben auch die anderen, teils als leichtfertig und oberflächlich dargestellten Bennet-Schwestern ihre Romanzen. Mit der Zeit lernt Darcy Elizabeths Esprit und Klugheit zu schätzen, er ziert sich aber, etwas Ernsteres daraus werden zu lassen, weil Elizabeth nicht von gleichem Stand ist – das ist sein Vorurteil. Umgekehrt ist Elizabeths Stolz verletzt, seit Darcy sie bei ihrer ersten Begegnung gekränkt hat, und es fällt ihr schwer, ihren Argwohn gegenüber Darcys Reserviertheit und seiner Haltung moralischer Überlegenheit zu überwinden, die sie als Kälte und Grausamkeit deutet.

Jane Austen erforscht die Sitten und Gesinnungen ihrer Zeit anhand der Themen Besitz, Ehe und sozialer Rang. Die Tonalität des Romans wird schon mit der berühmten ersten Zeile angeschlagen: »Es ist eine allgemein anerkannte Wahrheit, dass ein alleinstehender Mann, der über ein großes Vermögen verfügt, eine Frau braucht.« Die Ironie besteht natürlich darin, dass es die finanziell angeschlagene Familie Bennet und die vom Heiraten besessene Hausherrin sind, die von dieser vermeintlich »allgemein anerkannten Wahrheit« angetrieben werden. Die einleitende Aussage nimmt somit eine Umkehrung dessen vor, was der eigentliche Kern dieser Geschichte ist, denn das ist die Suche der Bennet-Mädchen nach Glück – oder zumindest finanzieller Absicherung. Am Ende weigert sich Elizabeth, rein um der Sicherheit willen zu heiraten, indem sie Mr Collins abweist, und willigt erst ein, Darcy zu heiraten, als sie sicher ist, dass sie ihn wirklich liebt und er sie auch. Dies, so Jane Austen, ist eine wirklich stabile Grundlage für eine Ehe.

Stolz und Vorurteil wurde viele Male für die Bühne adaptiert und verfilmt und steht in hohem Ansehen als ultimative romantische Komödie im historischen Gewand.

EMILY BRONTË
STURMHÖHE

Worum es geht
Klassischer viktorianischer Schauerroman
über das Leben zweier Familien,
die im Hochmoor-Gebiet von Yorkshire leben,
und die stürmischen Beziehungen zwischen ihnen.

Die Erkenntnis daraus
In Herzensdingen sehen die Menschen oft nicht,
was das Beste für sie ist. Glück gibt es nicht zu kaufen,
und durch Rache werden Qualen und Schmerz
nicht überwunden.

Dieser Roman aus dem Jahr 1847 erzählt die Geschichte zweier Familien mit Grundbesitz und die Intrigen und Fehden zwischen den einzelnen Mitgliedern. Im Zentrum steht Heathcliff, ein Findelkind, der eine tiefe und leidenschaftliche Liebe zu seiner Stiefschwester Catherine entwickelt. Obwohl sie nicht blutsverwandt sind, hindern praktische, finanzielle und gesellschaftliche Hürden sie daran, ihre Liebe zu leben.

Nach dem Tod seines Adoptivvaters wird Heathcliff schikaniert und gedemütigt, er flieht vom Hof Wuthering Heights, um drei Jahre später als wohlhabender Mann zurückzukehren und sich an denen zu rächen, die ihm Unrecht getan haben.

Alle Hauptfiguren treffen falsche Entscheidungen, was sich später negativ auf ihr Leben auswirkt. Heathcliff rächt sich und wird Herr von Wuthering Heights, aber das bringt ihm kein Glück ein, er stirbt verbittert und entkräftet. Ein immer wiederkehrendes Thema ist, dass die Figuren in böswilliger Absicht handeln. Catherine heiratet Edgar Linton aus den eindeutig falschen Gründen (Geld und sozialer Rang) und setzt damit eine Kette von Ereignissen in Gang, die in eine Tragödie münden. Auch die Heirat von Isabella und Heathcliff kam aus schlechten Motiven zustande und führt nur zu Elend und Grausamkeit.

Die Liebe ist ein zentrales Thema in *Wuthering Heights / Sturmhöhe*, Emily Brontë stellt sie in ihren ganz verschiedenen Formen dar: Von der häuslichen und mütterlichen über die religiöse und spirituelle Liebe bis zu ihren obsessiven Ausprägungen ist alles dabei. Nach seinem ersten Erscheinen war der Roman umstritten aufgrund seiner Darstellung innerfamiliärer Gewalt und weil er viktorianische Werte und Tabus hinterfragte.

LEO TOLSTOI
ANNA KARENINA

Worum es geht
Das außereheliche Verhältnis einer russischen
Adeligen zu einem schneidigen Kavallerieoffizier
versetzt die oberen Zehntausend
von St. Petersburg in Aufruhr.

Die Erkenntnis daraus
Romantische Liebe vermag den Blick
auf die Realitäten im Leben zu verstellen,
und Liebe kann ein Segen
wie auch ein Fluch sein.

»Alle glücklichen Familien gleichen einander; jede unglückliche Familie ist auf ihre eigene Weise unglücklich«, so lautet der berühmte erste Satz dieses Romans. Glückliche Familien bieten für Tolstoi damit keine so schöne Grundlage für eine gute Geschichte voller Drama wie unglückliche. Beim Schmökern von Romanen stellt sich die tiefunglückliche Anna Karenina vor, in deren Handlung mitzuspielen. Darin bereits zeigt sich, welcher Illusion von romantischer Liebe sie aufsitzt, als sie sich Hals über Kopf in Wronski verliebt. Denn Anna glaubt, dass sie gar keine Wahl hat; sie ist dem Glauben verfallen, zu dieser alles verzehrenden Liebe einfach ausersehen worden zu sein.

Ganz im Kontrast zu den Irrungen und Wirrungen der Affäre von Anna und Wronski steht die deutlich nüchternere Beziehung von Kitty und Levin. Wobei diese beiden sehr sorgsam mit ihrer Liebe umgehen und durch gegenseitigen Respekt zu einer Partnerschaft gelangen, die Bestand hat und aufblüht.

Anna Karenina ist weit mehr als ein Roman über die Liebe. Tolstoi webt Themen wie Heuchelei und Eifersucht, Glaube, Treue, familiäre Loyalität und die Institution der Ehe mit hinein. Das Buch spielt vor dem Hintergrund einer Zeit massiver Veränderungen in der russischen Gesellschaft nach dem Ende der Leibeigenschaft (die sein Autor leidenschaftlich bekämpft hat). Tolstoi kontrastiert den Alltag der befreiten Bauern und der gehobenen Gesellschaft auf dem Land mit der hektischen Lebensart der tratschsüchtigen und scheinheiligen Stadtbewohner.

Der 1878 erschienene Roman ist nicht leicht zu lesen und mit über 1000 Seiten sehr lang. Neben Tolstois anderem Epos *Krieg und Frieden* (1869) bietet er ein buntes Kaleidoskop der russischen Gesellschaft im 19. Jahrhundert. Für soziologisch und historisch interessierte Menschen ist er genauso interessant wie für Literaturliebhaber.

JOHANN WOLFGANG VON GOETHE
DIE LEIDEN DES JUNGEN WERTHERS

Worum es geht

Ein hoffnungslos romantischer und idealistischer
junger Mann verliebt sich leidenschaftlich
in eine schöne junge Frau, die schon einem anderen
versprochen ist, und versinkt in tiefste Schwermut.

Die Erkenntnis daraus

Unerwiderte Liebe kann unerträglich werden,
aber selbst schuld, wer sich im Leben, in der Liebe,
in der Natur oder in der Kunst
an unerreichbaren Idealen abarbeitet.

Die Leiden des jungen Werthers (1774) gilt als der erste bedeutende Roman des Sturm und Drang, einer künstlerischen Strömung im Deutschland des späten 18. Jahrhunderts, die die europäische Romantik beeinflusst hat und ihr vorausging. Die Autoren des Sturm und Drang setzten auf das subjektive Empfinden und erkundeten die Gefühle auch in ihren extremeren Regungen, denn nach ihrer Auffassung hemmte der Rationalismus der Aufklärung die Künste in ihrem Vermögen, über das Wesen der Menschen nachzudenken.

Goethes Buch ist ein Briefroman. Der Titelheld schreibt Briefe an seinen Freund Wilhelm, in denen er seine Reisen schildert und wie sehr er von einer jungen, tugendhaften Frau mit Namen Charlotte besessen ist. Werther, eine empfindsame Seele, leckt gerade noch seine Wunden von einer anderen unglücklichen Liebesgeschichte, als er in eine idyllische Kleinstadt gelangt. Er ist verzaubert von der Schönheit der Gegend und dem einfachen, ländlichen Leben der Menschen dort. Dann lernt er Charlotte kennen und verliebt sich tragisch in sie, denn er weiß, dass sie seine Liebe nicht erwidern kann.

Goethes herzzerreißendes Porträt eines jungen Mannes in Aufruhr war die Blaupause für spätere Anti-Helden der romantischen Bewegung. Leser von heute können *Die Leiden des jungen Werthers* auch als einen Roman über Angst und Depressionen bei jungen Erwachsenen lesen, die nach dem Sinn des Lebens und ihrem eigenen Weg suchen.

Schon gewusst?

Goethe veröffentlichte den Roman zunächst anonym, da die Geschichte nicht sehr gut getarnt einige autobiografische Elemente enthielt. Der *Werther* wurde rasch zu einem Kultbuch (Napoleon Bonaparte bewunderte es) und führte zu einem Modephänomen, das als »Wertherismus« bekannt ist: Fans, die sich mit dem tragischen romantischen Helden identifizierten, beschafften sich die gleiche Kleidung wie er – blauer Frack, gelbe Weste – und spazierten mit einem Exemplar des Buches umher. Es gab auch (weitgehend unbelegte) Berichte über Anhänger, die Werther nachahmten, indem sie Selbstmord begingen. In mehreren Ländern Europas war die Obrigkeit derart besorgt über den verderblichen Einfluss des Romans auf die Jugend, dass er jahrzehntelang verboten war.

CHODERLOS DE LACLOS
GEFÄHRLICHE LIEBSCHAFTEN

Worum es geht
Zwei Aristokraten mit zweifelhaftem Moralbegriff
machen sich daran, durch Verführung,
Täuschung und Verrat das Leben anderer mutwillig
durcheinanderzubringen und zu zerstören.

Die Erkenntnis daraus
Wenn Menschen mit Reichtum und
Privilegien alles haben, was man begehren kann,
ist das einzige Gut von Wert für sie
das Begehren selbst.

Dieser Briefroman, erschienen 1782, erzählt vom skandalösen Tun zweier Aristokraten des 18. Jahrhunderts, der Marquise de Merteuil und des Vicomte de Valmont, einem früheren Liebhaber von ihr. Seit ihr letzter Liebhaber sie zugunsten einer Heirat mit der viel jüngeren Cécile verlassen hat, leidet die

Marquise und versucht jetzt Valmont dazu zu bringen, Cécile zu verführen, damit sie vor ihrer Hochzeit entehrt ist. Valmont hat jedoch andere Pläne und will die tugendhafte und scheinbar unerreichbare Frau eines wohlhabenden Anwalts verführen. Intrigen, heimliche Treffen und Treuebrüche eskalieren, mit verheerenden Folgen für alle Beteiligten.

Gefährliche Liebschaften zeichnet ein erschütterndes Bild von der Dekadenz und moralischen Verkommenheit der französischen Aristokratie in den Jahren vor der Französischen Revolution. Merteuil und Valmont haben freie Zeit im Überfluss, und aus purer Langeweile manipulieren und zerstören sie zu ihrem Vergnügen das Leben anderer Menschen. Je tugendhafter und reiner ihre Opfer erscheinen, desto mehr wollen sie sie beherrschen und verderben.

Einige Kritiker haben versucht, den Roman als politischen Angriff auf das Ancien Régime zu deuten, das französische Feudalsystem, das durch die Revolution abgeschafft wurde, dennoch hatte Laclos Gönner selbst unter den bedeutendsten Adligen Frankreichs. Er wollte also wohl lediglich Aufsehen erregen und unterhalten und nicht die Glut der Revolution schüren. Der Roman gilt als Meisterwerk der französischen Literatur aus der Zeit vor der Revolution, seine zeitlose Geschichte von destruktiver Begierde, Arglist und Rache wurde vielfach erfolgreich für die Bühne und das Kino adaptiert.

D. H. LAWRENCE
LIEBENDE FRAUEN

Worum es geht

Die schonungslose Erkundung des Verhältnisses
zwischen Mann und Frau, erzählt anhand von
zwei eigensinnigen Schwestern, die sich in Beziehungen
mit zwei emotional komplexen Männern
voller Leidenschaft und Widersprüche einlassen.

Die Erkenntnis daraus

Gesellschaftliche Werte können einen erdrückenden
Einfluss auf das natürliche Begehren haben und
sexuell hemmend wirken.

In Fortführung von D. H. Lawrences Roman *Der Regenbogen* (1915) erzählt *Liebende Frauen* Neues von den Brangwen-Schwestern Ursula, einer Lehrerin, und Gudrun, einer Künstlerin. Beide sind extrem unabhängig und willensstark und stehen der überlieferten Rolle der Frau in der Gesellschaft und der traditionellen Institution der Ehe ablehnend gegenüber.

Als die Schwestern zwei Männer kennenlernen, Rupert Birkin und Gerald Crich, gehen sie mit ihnen von starken Gefühlsturbulenzen geprägte Verhältnisse ein. Während sich die Beziehung zwischen Rupert und Ursula dem äußeren Anschein nach durchaus normal entwickelt, unterdrückt Rupert in einer tieferen Schicht ein starkes Verlangen nach Gerald, und mit seinem Heiratsantrag versucht er, dieses Verlangen auf Ursula zu übertragen. Die Beziehung von Gudrun und Gerald gerät schnell in einen Strudel von Konflikten und Verletzungen, der beide zu verschlingen droht.

Liebende Frauen legt eine düstere, fast nihilistische Sicht auf Liebe, Beziehungen und Begehren an den Tag, wobei Dreiecksbeziehungen ständig zu Spannungen zwischen den Protagonisten führen. Lawrence schrieb den Roman während des Ersten Weltkriegs, und obwohl er vor Kriegsausbruch zu spielen scheint, ist der Eindruck allgegenwärtig, dass Tod und Verwüstung nahe bevorstehen.

Der Regenbogen und *Liebende Frauen* waren ursprünglich als ein einziger Roman konzipiert, doch auf Anraten von Lawrences Verleger wurde die Geschichte auf zwei Bände verteilt. In Großbritannien war *Der Regenbogen* elf Jahre lang wegen Obszönität verboten, sodass die Fortsetzung zunächst 1920 in den USA erschien und auch dort nur Mitgliedern eines privaten Buchclubs zugänglich war. Als das Buch im Jahr darauf in Großbritannien erschien, wurde es auch für seine anschauliche Darstellung von Sexualität kritisiert. Heute gilt es als Klassiker der Moderne.

THOMAS HARDY
TESS VON DEN D'URBERVILLES

Worum es geht
Ein Mädchen aus ärmlichen Verhältnissen
erleidet allerhand soziale und moralische Schmach
durch die Hand einer herzlosen,
nachtragenden Gesellschaft.

Die Erkenntnis daraus
Die viktorianischen Moralbegriffe
konnten sehr heuchlerisch sein, insbesondere
bei der Verdammung von Frauen,
die man für unkeusch und sündig hielt.

In diesem Buch aus dem Jahr 1891 wird Tess, die arglose Tochter eines verarmten Landarbeiters, zur Arbeit in das Haus eines wohlhabenden Verwandten geschickt. Dort trifft sie auf den Erben der d'Urberville-Dynastie, den aufdringlichen und lüsternen Alec d'Urberville, der sie unter Drogen setzt, vergewaltigt und schwängert. Das Kind von Tess stirbt im Säuglingsalter, nachdem ihm der Pfarrer die Taufe verweigert hat, weil es in Sünde geboren wurde.

Einige Jahre später lernt Tess bei ihrer Arbeit als Milchmädchen Angel Clare kennen und verliebt sich in ihn. Der hält sie für tugendsam und unschuldig, für ein Naturkind. Angel und Tess heiraten, doch in der Hochzeitsnacht gesteht Tess ihm ihr Trauma von früher. Weil Angel sein idealisiertes Bild von ihr für unrettbar beschädigt hält, verlässt er sie. Tess und ihrer Familie widerfährt weiteres Unglück, dann zwingt man ihr eine würdelose Vereinbarung mit Alec auf, ihrem einstigen Peiniger, die den finanziellen Ruin ihrer Familie abwenden soll.

Thomas Hardy zeichnet Tess als unschuldiges Opfer, dem tragisches Unrecht widerfährt. Er übt scharfe Kritik an der heuchlerischen Doppelmoral der viktorianischen Gesellschaft. Die Männer in Tess' Leben dominieren und missbrauchen sie auf je eigene Weise. Ihr Vater beutet sie durch ihre Arbeitskraft finanziell aus, Alec will sie nur besitzen, um seine Lust an ihr zu befriedigen, und der fromme Angel lobt sie als Ausbund an Reinheit und Tugend in den Himmel, nur um sie im Stich zu lassen, als seine hohen Ansprüche nicht eingelöst werden (während er über eigene frühere sexuelle Beziehungen scheinheilig hinwegsieht). *Tess von den d'Urbervilles* erzählt die Geschichte eines »gefallenen Mädchens«, aber Tess erscheint nicht als Opfer der Verhältnisse oder fataler Fehler, sondern als Opfer der von Diffamierung und Unterwerfung geprägten Haltung gegenüber Frauen in viktorianischer Zeit.

FORD MADOX FORD
DIE ALLERTRAURIGSTE GESCHICHTE

Worum es geht

Die tragische Geschichte von Edward Ashburnham und seiner scheinbar perfekten Ehe, die durch Seitensprünge und die Beziehung zu einem befreundeten Paar tatsächlich längst erodiert ist.

Die Erkenntnis daraus

Ehebruch ist eine zersetzende, die Sitten verderbende Kraft. Der schöne Schein kann trügen, denn die Dinge sind nicht immer so, wie sie sich darbieten.

Anhand zweier wohlhabender Paare aus der oberen Mittelschicht schildert *Die allertraurigste Geschichte* (*The Good Soldier*, 1915), wie ihre vermeintlich perfekten Ehen durch zahllose Fälle von Untreue und Täuschung ruiniert werden. Erzählt wird der Roman von John Dowell, einem der vier, in Form von Rückblenden, die nicht der Chronologie der Ereignisse folgen und nur seine eigenen Eindrücke des Beziehungsgeflechts und vom verworrenen Netz der Täuschung wiedergeben.

Während Dowell Stück für Stück neue Informationen

liefert, fallen zunehmend Ungereimtheiten in seiner Darstellung auf, was auch an seiner Behauptung zweifeln lässt, er sei nur ein unparteiischer, nüchterner Beobachter des ganzen Gefühlschaos. Ist Dowell glaubwürdig, beschönigt er Dinge oder verschweigt er womöglich seinen eigenen Anteil an all dem Treiben? Hat er gar Morde begangen, die er als Selbstmorde getarnt hat?

Die allertraurigste Geschichte ist ein nicht genügend beachteter melodramatischer Thriller, der auf subtile Weise das Stilmittel des unzuverlässigen Erzählers verwendet. Es macht regelrecht Freude, Dowells Rückblenden zu folgen, um dahinterzukommen, was wahr ist und was nur so gesagt – die Diskrepanz zwischen Sein und Schein ist ein zentrales Thema dieses Buchs. So bezeichnet Dowell die Figuren des Romans regelmäßig als »gute Menschen«, obwohl sie mit Blick auf ihren moralischen Kompass ganz bestimmt keine sind.

ARUNDHATI ROY
DER GOTT DER KLEINEN DINGE

Worum es geht

Eine Familiengeschichte anhand des Lebens
von Zwillingen, die Ende der 1960er-Jahre in
einer wohlhabenden Familie in der Region Kerala
aufwachsen, ein Roman, der Diskriminierung und
Ausgrenzung durch das indische Kastensystem
unter die Lupe nimmt.

Die Erkenntnis daraus

Die Liebe ist eine die Menschen derart stark antreibende Kraft, dass sie selbst über gesellschaftliche Normen hinweggeht, die bestimmen wollen, wer wen lieben darf.

Der Gott der kleinen Dinge erzählt von der Familie Ipe, syrischen Christen und recht wohlhabenden Geschäftsleuten im indischen Bundesstaat Kerala. Im Zentrum der Geschichte stehen die zweieiigen Zwillinge Rahel, ein Mädchen, und Estha, ein Junge. Die Handlung setzt 1969 ein, als die Zwillinge sieben Jahre alt sind, springt aber verschiedentlich bis ins Jahr 1993. Die Zwillinge freunden sich mit dem netten Velutha an, einem Arbeiter in der Konservenfabrik der Familie, der eine Art Ersatzvater wird. Doch Velutha ist ein Dalit oder Unberührbarer, gehört also der untersten Kaste an, und als er heimlich eine verbotene Liebschaft mit Ammu beginnt, der Mutter der Zwillinge, setzt dies eine Kette von Ereignissen in Gang, die das Leben aller auf tragische Weise verändern wird.

Der Gott der kleinen Dinge begleitet verbotene Liebe durch drei Generationen der Familie Ipe. Die Großtante mütterlicherseits, Baby Kochamma, macht ihre unerwiderte Liebe zu einem katholischen Priester ganz verbittert und missgünstig. Die Liebesaffäre zwischen Velutha und Ammu verletzt das Kastensystem und zerstört letztlich die Familie. Gegen Ende des Romans finden die Zwillinge, nachdem sie jahrelang getrennt voneinander gelebt haben, wieder zusammen und begehen mit inzestuösem Sex verbotene Liebe in ihrer ultimativen Form.

Arundhati Roy will offenbar zu verstehen geben, dass es nur zu üblen Folgen und ins Verderben führt, wenn Liebe durch starre gesellschaftliche Zwänge gehemmt wird. *Der Gott der kleinen Dinge*, ihr erster Roman, wird geliebt und gehasst. Er wurde heftig angefeindet und war aufgrund seiner drastischen Darstellung von Sexualität in Teilen Indiens zunächst verboten. 1997, im Jahr seines Erscheinens, wurde er mit dem Booker Prize ausgezeichnet, was damals auf manchen Widerspruch stieß.

E. M. FORSTER
ZIMMER MIT AUSSICHT

Worum es geht
Eine hübsche Engländerin aus der Oberschicht,
die gerade durch Italien reist,
lässt sich auf eine Romanze mit
einem unkonventionellen jungen Mann aus
dem Milieu sozialer Aufsteiger ein.

Die Erkenntnis daraus
Leidenschaftlich und entspannt sein und
dass man seinem Herzen folgt sind wichtigere Faktoren
für eine gelungene Beziehung als Gleichmaß
und gesellschaftliche Konventionen.

Zimmer mit Aussicht (1908) ist vordergründig eine Liebesgeschichte. Sie schildert das Dilemma der wohlbehüteten jungen Lucy Honeychurch, die zwischen der Zuneigung und Aufmerksamkeit zweier sehr unterschiedlicher Männer hin und her schwankt. Auf der einen Seite steht der spontane, romantische, aber noch etwas ungeschliffene George Emerson, ein Produkt der neuen Mittelschicht, auf der anderen Seite Cecil Vyse, ein geckenhafter, anmaßender Schöngeist der Oberschicht. Die Handlung spielt zunächst vor der wunderschönen Kulisse von Florenz samt umliegender Hügel, dann im ländlichen Surrey, wobei die dargestellte Natur einen starken Kontrapunkt zum Aufruhr in Lucys Herz bildet.

Dabei ist dieser Roman auch eine präzis beobachtete Kritik an den Sitten und Werten in England zu Beginn des 20. Jahrhunderts. Er zeigt insbesondere den Widerstreit zwischen snobistischer Schicklichkeit alten Stils, verkörpert von Lucys Cousine und Anstandsdame Charlotte Bartlett, und dem modernen Freidenkertum in Person von Vater Emerson. Das Buch liest sich bisweilen wie die fast perfekte Parodie eines Romans von Jane Austen, besonders mit Forsters feinem Sinn für ironische Bonmots: »Es ist so schwierig – ich jedenfalls finde es schwierig –, Menschen zu verstehen, die die Wahrheit sagen«, meint Mr Beebe, ein anglikanischer Geistlicher, dessen Berufung sicherlich darauf gründet, dass er die Wahrheit sagt.

Immer wieder streut Forster solch herrliche Paradoxien in den Roman ein: »Ein wenig Höflichkeit gegenüber Untergebenen wird man nie bereuen. Das ist wahre Demokratie«, erklärt die Romanautorin Eleanor Lavish und konterkariert damit ungewollt ihre Behauptung, für die Demokratie zu sein. Die Satire ist jedoch subtil und sanft und so meisterlich umgesetzt, dass es, vielleicht mit Ausnahme des unausstehlichen Cecil (obwohl auch er seine Momente hat), schwerfällt, die Figuren all ihrer Hochnäsigkeit und ihrem elitären Gehabe zum Trotz nicht als harmlose Gruppe exzentrischer Relikte aus einer längst vergangenen Zeit anzusehen.

ANTON TSCHECHOW
DIE DAME MIT DEM HÜNDCHEN

Worum es geht

Berühmte, feinsinnige Geschichte über
die außereheliche Affäre zwischen
einem gelangweilten Moskauer Bankangestellten
und einer verheirateten Frau.

Die Erkenntnis daraus

Die Macht der Liebe kann in das Leben selbst
ganz lebensüberdrüssiger Menschen treten
und sie von Grund auf verändern.

Diese 1899 erschienene Erzählung stammt von einem großen Stilisten. Während eines Urlaubs in Jalta beginnt der zynische, gelangweilte Moskauer Bankangestellte Dimitri Gurow eine Affäre mit Anna Sergejewna, einer jüngeren verheirateten Frau. Dimitri hat keine Freude am Leben, schon gar nicht an der Ehe mit seiner Frau, die er nicht liebt und der er regelmäßig untreu wird. Sein Interesse an Anna ist zunächst oberflächlich und dient lediglich dem angenehmen Zeitvertreib. Als Anna plötzlich nach Hause gerufen wird, begleitet Dimitri sie zum Bahnhof, um sich von ihr zu verabschieden, in der Annahme, dies sei das Ende ihrer Liebschaft.

Doch zurück in Moskau und in der Routine seines alten Lebens, wird Dimitri zunehmend ruhelos und unkonzentriert. Er muss ständig an Anna denken und ist überrascht von den Gefühlen, die sie in ihm geweckt hat. Er muss sie unbedingt wiedersehen, reist nach St. Petersburg, um sie zu finden, und sie beginnen eine heimliche Fernbeziehung.

Auf bezaubernde Weise schildert Tschechow den Aufruhr der Gefühle seiner beiden Protagonisten, insbesondere den Weg der Selbstverwirklichung, den Dimitri durch seine Affäre mit Anna zurücklegt. In der Schlussszene treffen sich die beiden in einem Moskauer Hotel und reden über ihr Verhältnis zueinander, über den Schmerz, den sie empfinden, wenn sie voneinander getrennt sind, und dass ihre Liebschaft nicht ohne Betrug und Heimlichkeiten zu haben ist. Mit diesem Moment bleibender Uneindeutigkeit endet die Erzählung:

> »... beiden war klar, dass sie noch einen langen, langen Weg vor sich hatten und dass der komplizierteste und schwierigste Teil davon gerade erst begann.«

Die Dame mit dem Hündchen zeigt Anton Tschechow auf dem Höhepunkt seines Könnens. Die Geschichte schildert in melancholischem Ton und ohne Gefühlsduselei oder Wertung Momentaufnahmen zweier Existenzen, die sich ineinander verflechten, und die reinen, unverstellten Emotionen seiner beiden Helden.

2. KAPITEL

MENSCH UND GESELLSCHAFT

Oft heißt es, wahrhaft große Literatur diene einer Gesellschaft als Spiegel und bilde die Menschen einer bestimmten Zeit mit ihren Sitten und Bräuchen, ihrer Weltsicht und ihrem politischen System ab. Soziologen nennen diesen Ansatz »Reflexionstheorie«. Sie beruht auf der Ansicht, dass der soziale und kulturelle Kontext direkten Einfluss auf den Erzählansatz eines literarischen Werks hat. Will man analysieren, wie sich gesellschaftliche Themen in der Literatur niederschlagen, ist die Reflexionstheorie ein ganz nützlicher Ausgangspunkt. Allerdings geht sie davon aus, dass Erzählwerke mit realistischem Ansatz eine von ihr geschilderte Gesellschaft unvoreingenommen und vorurteilsfrei dokumentieren. Literatur ist jedoch immer Sprachschöpfung, und wenn sie die Welt zu beschreiben versucht, geschieht dies selektiv, indem sie sich bestimmten Merkmalen vertieft widmet, was oft auf Kosten anderer Aspekte geht, die sie weniger beachtet oder ganz ignoriert.

Die in diesem Kapitel behandelten Werke sehen die Gesellschaften, die sie beschreiben – ihr Sozialgefüge und ihre Klassenstruktur, ihre Umgangsformen und Gesinnungen – oft kritisch. In der Romanliteratur hatte der Realismus im

19. Jahrhundert mit britischen Schriftstellern wie Charles Dickens, George Eliot und William Makepeace Thackeray seine Blütezeit. Sie schilderten die Probleme und Sorgen im täglichen Leben, um Schlaglichter auf die soziale Ungerechtigkeit, die Not der Armen und die Tyrannei des Staatsapparats zu werfen. Realismus ist jedoch nicht der einzige Ansatz, um Kritik zu üben. Auch mit satirischen Texten, Grotesken und Science-Fiction-Literatur lassen sich messerscharfe Aussagen über Missstände in der Gesellschaft und die in ihre lebenden Menschen treffen.

CHARLES DICKENS
DAVID COPPERFIELD

Worum es geht

Die Lebensgeschichte eines Mannes, der immer wieder großen Entbehrungen und Problemen zu begegnen hat, wobei außergewöhnliche und seltsame Menschen seinen Weg säumen.

Die Erkenntnis daraus

Geldsorgen verursachen viel Kummer und Elend, weshalb man gut beraten ist, im Rahmen seiner Möglichkeiten zu bleiben.

Als der Titelheld dieses Romans zum Arbeiten nach London geschickt wird, kommt er bei der Familie Micawber unter. Der Hausvater, Wilkins Micawber, neigt mit seinem geschickten Mundwerk zu blumigen Wendungen und beteuert immer wieder voller Zuversicht (meist angesichts des finanziellen Ruins), dass sich »schon was ergeben wird«. Micawber deckt den jungen David mit Weisheiten und Ratschlägen ein, vor allem zur Umsicht in Gelddingen:

> »*Und mein anderer Rat, Copperfield*«, sagte Mr Micawber, »*schau: Jährliche Einnahmen zwanzig Pfund, jährliche Ausgaben neunzehn Pfund neunzehn Shilling Sixpence, unterm Strich: Glück. Jährliche Einnahmen zwanzig Pfund, jährliche Ausgaben zwanzig Pfund Sixpence, unterm Strich: Elend.*«

Die Ironie besteht natürlich darin, dass Micawber völlig unfähig ist, seinen eigenen Rat zu beherzigen. Den ganzen Roman hindurch sind Gläubiger hinter ihm her, und er verbringt einige Zeit im Schuldgefängnis. Obwohl er notorisch unfähig ist im Regeln seiner Finanzen, bekommt Micawber durch seine Rolle bei der Entlarvung des Betrügers Uriah Heep noch die Kurve und wird, als er und seine Familie nach Australien auswandern, mit einem neuen Leben in Wohlstand belohnt.

David Copperfield erschien 1850 und trägt von allen Dickens-Romanen die stärksten autobiografischen Züge. Dickens' eigener Vater saß aufgrund von Schulden im Gefängnis, und in seiner Kindheit erlebte er finanzielle Not aus erster Hand.

NIKOLAI GOGOL
DIE TOTEN SEELEN

Worum es geht

Die Abenteuer Tschitschikows,
eines reisenden Hochstaplers, der den grotesken
Plan angeht, leichtgläubigen und
habgierigen Honoratioren der russischen Provinz
die »toten Seelen« ihrer Leibeigenen abzukaufen.

Die Erkenntnis daraus

Selbstsüchtige Ziele und Gier führen oft
zu Korruption, und erscheint etwas zu schön,
um wahr zu sein, dann ist es das in der Regel auch.

Gogols düster-komisches Meisterwerk setzt damit ein, dass Pawel Iwanowitsch Tschitschikow in einer Gouverneurs-Stadt namens N. eintrifft. Er beginnt, sich das Vertrauen der örtlichen Beamten und Würdenträger zu erschleichen, indem er sie hofiert und ihnen schmeichelt. Und er bietet ihnen einen finanziellen Vorteil an, indem er ihnen das Eigentum an toten Leibeigenen abkaufen will.

Zu der Zeit, als *Die toten Seelen* entstand (der erste Teil erschien 1842), war das zaristische Russland ein Feudalsystem. Grundbesitzer besaßen Leibeigene, kleine Bauern, die ihre Felder bestellten und andere Frondienste für sie leisteten und im Gegenzug nicht mehr als schmale Kost und ein Dach über dem Kopf erhielten. Leibeigene galten als zu versteuerndes Wirtschaftsgut und wurden bei Volkszählungen registriert, die von den Behörden jedoch eher sporadisch und lax durchgeführt wurden. Weil ihr Leben so entbehrungsreich war, wurden viele Leibeigene nicht sehr alt, sodass Grundbesitzer zwischen den Revisionen oft viele Jahre lang Steuern für Leibeigene zahlten, die bereits verstorben waren.

Tschitschikows Plan besteht nun darin, für wenig Geld die Eigentumsrechte an toten Leibeigenen zu erwerben (die Behörden führten Leibeigene als »Seelen«) und diese dann in betrügerischer Absicht bei Kreditinstituten zu verpfänden, mit dem vermeintlichen, doch längst nichtigen Wert der Leibeigenen als Sicherheit.

Die toten Seelen gilt üblicherweise als Satire auf das System der Leibeigenschaft in reformistischer Absicht. So barbarisch das russische Feudalsystem Lesern von heute auch erscheinen mag (erst 1861 wurde die Leibeigenschaft abgeschafft) – Gogols eigentlicher Kritikpunkt war die Launenhaftigkeit und Dummheit der russischen Provinz-Aristokratie. Die Menschen, denen Tschitschikow begegnet, sind gestört, anmaßend und unanständig und stellen die wahren »toten Seelen« im Roman dar. Gogol verwendet ein kaum übersetzbares russisches Wort, *poshlost*, zur Beschreibung einer bestimmten Art von privilegiertem Banausentum, das unter wohlhabenden Landbesitzern damals weit verbreitet war.

Schon gewusst?

Gogol hatte *Die toten Seelen* ursprünglich als Trilogie geplant, die sich lose an das Schema von Dantes *Göttlicher Komödie* anlehnen sollte. Der erste, abgeschlossene Teil entspricht Dantes Inferno, während der zweite und dritte Teil für das Fegefeuer und das Paradies gestanden hätten. Mit dem zweiten Teil, der bruchstückhaft blieb, hatte Gogol einige Mühe, vor allem weil seine Gesundheit angeschlagen war, aber auch, weil er die »höllischen« Charaktere im ersten Teil für sein Gefühl so eindrücklich dargestellt hatte, dass es die Wucht der Satire schmälern konnte, wenn er danach nette Dinge über das russische Volk zu schreiben begänne.

JORGE AMADO
HERREN DES STRANDES

Worum es geht

Die Geschichte einer Bande von Straßenjungen in Salvador, Brasilien. Die Kinder haben nichts als ihren Grips und schlagen sich, von der Gesellschaft geächtet, von der Polizei und den Behörden verfolgt, mit Betteln, Glücksspiel und Kleinkriminalität durch.

Die Erkenntnis daraus

Kein Geld der Welt kann ein Ersatz sein für Liebe, Geborgenheit und Mitgefühl.

In Brasilien ist dies einer der populärsten Romane des 20. Jahrhunderts. Erschienen 1937, schildert er das harte Dasein einer Gruppe verlassener, ausgestoßener Kinder, die »Herren« des Titels. Sie leben von der Hand in den Mund, betteln und stehlen, um zu überleben, doch ein Band der Loyalität knüpft sie eng aneinander. Einer der Helden, Hinkebein genannt, verschafft sich mit Hilfe seiner Behinderung Zugang in die Häuser der Reichen, um dort künftige Diebstähle auszukundschaften. Eines seiner potenziellen Opfer, Dona Ester, die gerade um ihr tragisch verstorbenes eigenes Kind trauert, nimmt Hinkebein bei sich auf und behandelt ihn mit Zuneigung und Mitgefühl. Dies bringt Hinkebein in einen schweren Konflikt, da er zum einen überwältigt ist von der vorbehaltlosen Liebe der Frau und der Aussicht auf ein Leben in Geborgenheit, nach dem er sich sehnt, sich aber durch seine Loyalität gegenüber den »Herren« gebunden sieht:

> *»Sie ging hinaus und schloss die Tür. Hinkebein stand reglos da, bewegte sich nicht, erwiderte nicht einmal ihr ›Gute Nacht‹, hielt nur mit der Hand die Stelle im Gesicht, wo Dona Ester ihn geküsst hatte. Er dachte nicht nach, suchte nach nichts. Nur die sanfte Liebkosung des Kusses, eine Liebkosung, wie er sie noch nie erfahren hatte, die Liebkosung*

einer Mutter. Nur die sanfte Liebkosung auf seinem Gesicht. Es war, als sei die Welt im Moment des Kusses stehen geblieben und alles habe sich verändert. Im gesamten Universum gab es nichts als das sanfte Gefühl dieses mütterlichen Kusses auf Hinkebeins Gesicht.«

Ein Literaturklassiker brennt

Als überzeugtes Mitglied der Kommunistischen Partei Brasiliens stand Amado mit seinen linken Ansichten in Konflikt mit dem rechtspopulistischen Regime von Präsident Getúlio Vargas. Nach dem Erscheinen wurden knapp eintausend Exemplare von *Herren des Strandes* öffentlich verbrannt, zusammen mit Werken anderer Autoren, die der Obrigkeit als staatsfeindlich oder kommunistische Propaganda galten. Der Roman überstand die anfängliche Bekämpfung und gilt als Kultklassiker und wichtiges Werk des sozialistischen Realismus.

NATSUME SŌSEKI
ICH DER KATER

Worum es geht

Satirischer Roman über das eintönige Leben
einer japanischen Mittelklasse-Familie
mitsamt Freunden und Nachbarn,
betrachtet aus der Perspektive einer Katze.

Die Erkenntnis daraus

Selbsterkenntnis ist der Schlüssel zum Verständnis
des Lebens und lässt sich erlangen,
indem man das eigene Verhalten und
das Gebaren anderer gründlich betrachtet.

Ich der Kater, erschienen 1906, ist überaus populär und in Japan noch immer fester Bestandteil des Lehrplans. Das Buch handelt, soweit sich hier von Handlung sprechen lässt, von einem Hauskater, der in der Nachbarschaft umherstreift, seine Besitzer und deren Umfeld belauscht und boshaft-zynische Bemerkungen über menschliche Fehler und Schwächen macht. Die episodische Struktur des Romans erklärt sich vor allem daraus, dass das Buch zunächst in einer Literaturzeitschrift erschien. Das Tier bedient sich einer schwülstigen, großspurigen Art zu erzählen, die sein Überlegenheitsgefühl zur Geltung bringt und die gesamte Geschichte durchzieht. Zu Beginn des Romans argwöhnt der Kater, dass die Menschen größtenteils egoistisch sind und eigennützig handeln, während er später beklagt, dass sie viel glücklicher sein könnten, wären sie sich ihrer Mängel und Schwächen stärker bewusst:

»*Das Wichtigste im Leben ist, gleich ob von Tieren oder Menschen die Rede ist, sich selbst zu kennen. Würden die Menschen nur lernen, sich selbst zu kennen, dann verdienten sie mehr Respekt als jeder Kater. In diesem Fall wäre mir sogar unbehaglich dabei, sie wie Karikaturen zu behandeln, und ich könnte meine Giftfeder beiseitelegen. Leider … aber scheint es, als wüssten sie über sich selbst so wenig Bescheid wie über die Größe ihrer Nasen.*«

EVELYN WAUGH
EINE HANDVOLL STAUB

Worum es geht
Satirischer Roman über ein wohlhabendes,
doch oberflächliches Paar, das Scheitern seiner Ehe
und die Nachwirkungen der Scheidung.

Die Erkenntnis daraus
Von Geld und Status besessen zu sein,
kann in Amoralität und geistigen Bankrott münden.

Viele zählen diesen Roman, erschienen 1934, zu den besten Werken von Evelyn Waugh. Seine Protagonisten haben allesamt so wenige positive Züge, dass es schwerfällt, Sympathie für einen von ihnen zu empfinden. Tony Last, der männliche Held, ist als Gutsherr sehr wohlhabend, aber ohne nennenswertes Talent. Seine Frau Brenda ist als Dame der Gesellschaft derart gelangweilt, dass sie rein um der Beschäftigung willen eine Liebschaft unterhält. Die zynische Geringschätzung anderer Menschen durchzieht das gesamte Buch, alle Figuren verfolgen ihre eigenen Interessen, die sich meist um Geld und sozialen Status drehen.

Tony versucht seinem Leben schließlich eine Wendung zu geben, indem er zu einer Expedition in den Amazonas-Dschungel aufbricht und sich auf die Suche nach einer mythischen Stadt begibt. Als er sich im Regenwald verirrt, nimmt ihn ein gewisser Mr Todd gefangen, ein zutiefst gestörter Mann, der Tony dazu zwingt, ihm tagein tagaus die Werke von Charles Dickens laut vorzulesen. In der Brutalität des Dschungels spiegelt sich subtil die soziale Brutalität im England der oberen Mittelklasse.

LU XUN
TAGEBUCH EINES VERRÜCKTEN

Worum es geht

Die Einbildungen eines Mannes,
der den Verfolgungswahn entwickelt, dass die Leute
in seinem Dorf Mitglieder einer kannibalistischen
Sekte sind und ihm Schaden zufügen wollen.

Die Erkenntnis daraus

Satirische Attacke auf die althergebrachte
chinesische Kultur zu Beginn des 20. Jahrhunderts
und im weiteren Sinn auf Gesellschaften,
in denen die Starken die Schwachen
und Unterdrückten »auffressen«.

In dreizehn Auszügen aus seinem Tagebuch wird hier die Paranoia eines Mannes geschildert, der sich von der Gesellschaft ausgestoßen fühlt. Als Vorbild dienten Lu Xun die *Aufzeichnungen eines Wahnsinnigen* des russischen Satirikers Nikolai Gogol aus dem Jahr 1835. Geisteskrankheit verwendet er als Metapher für die Unterdrückung des Individuums in korrupten, autoritären Regimen. Der Verrückte wird nie beim Namen genannt, und mit dem Gefühl, von seinem Umfeld – inklusive seiner Familie – verfolgt zu werden, wächst auch seine Abscheu vor den Regeln der Gesellschaft.

Der Verrückte, der seine Nachbarn für Kannibalen hält, thematisiert im Gespräch mit einem jungen Mann einmal, ob es moralisch vertretbar sei, Menschen zu essen, und fragt: »Aber ist es richtig?« Vielsagend antwortet der junge Mann, dass er die Frage nicht verstehe. Darin kommt zum Ausdruck, wie wenig Widerspruch es gegen schlechte, entmenschlichende Elemente in der chinesischen Gesellschaft der Kaiserzeit gab: Pass dich an oder werde gefressen.

Das *Tagebuch eines Verrückten* (1918) gilt vielen als Wendepunkt in der chinesischen Kultur. Lu Xun war mit der europäischen, insbesondere russischen Literatur bestens vertraut und bediente sich in seiner satirischen Gesellschaftskritik Techniken des Symbolismus und der bildhaften Sprache, womit er etwas Neues in die Literatur Chinas einbrachte.

Schon gewusst?

Das *Tagebuch eines Verrückten* wurde als eines der ersten literarischen Werke Chinas in der Volkssprache verfasst. Die Schriftsprache basierte historisch auf einer durch die kaiserlichen Dynastien tradierten klassischen Form der Sprache. 1918 befand eine fortschrittliche Gruppe Gelehrter, dass diese klassische Form elitär und allzu entrückt sei von der Art, wie die Menschen im Alltag kommunizieren. Sie setzten sich für einen neuen Standard der Schriftsprache ein, *Baihua*. Dieser bildete unter Einbeziehung lokaler Dialekte und Redewendungen, ausländischer Lehnwörter und eines

Interpunktionssystems (das klassische Chinesisch kennt keine Interpunktion) eine vereinfachte Form des Chinesischen. Baihua ließ sich leicht unterrichten, was der Lesefähigkeit und einer breiteren Allgemeinbildung zugutekam. Lu Xuns beliebte Bücher trugen zur Etablierung dieses neuen Systems bei.

MICHAIL LERMONTOW
EIN HELD UNSERER ZEIT

Worum es geht
Die Abenteuer Grigorij Petschorins,
eines nihilistischen russischen Offiziers,
der im 19. Jahrhundert durch den Kaukasus reist.

Die Erkenntnis daraus
Das Ego des Menschen entwickelt destruktive Kräfte,
und die moderne Gesellschaft kann ein
geistiges Brachland sein.

Dieses 1840 erschienene Werk ist ein frühes Beispiel für einen in der russischen Literatur besonders heimischen Archetypen: den »überflüssigen Menschen«, eine Figur, die talentiert oder wohlhabend, aber ichbezogen ist und nicht recht weiß, was sie mit sich anfangen soll. Das Konzept ist eine Weiterführung des Byron'schen Helden – oder in diesem Fall Anti-Helden. Petschorin ist ein kluger, etwas rätselhafter Armeeoffizier, der sich in allerhand Intrigen und Konflikte verstrickt, um sich von seinem allgegenwärtigen Gefühl der Langeweile und existenziellen Angst abzulenken. Als selbsterklärter Nihilist ist er ein komplexer Charakter. Er ist meist zurückhaltend, zynisch und distanziert, momentweise aber auch feinfühlig und voller Selbsthass. Einmal sagt er: »Mein Leben war nichts als eine Abfolge erbärmlicher und erfolgloser Ablehnung von Gefühlen und Vernunft.«

In der kargen Landschaft des Kaukasus spiegeln sich Verhalten und Persönlichkeit Petschorins, dessen Handlungen launenhaft und unberechenbar sind, und die trostlose Wesensart seiner Seele. Der Titel des Romans ist natürlich ironisch gemeint. Petschorin ist ganz und gar kein Held im klassischen Sinn. Bestürzt über die Kritik an seinem Roman, überarbeitete Lermontow ihn und fügte ein knappes Vorwort hinzu, in dem er seine Kritiker tadelte und den Titel des Buches erklärte: »Petschorin, meine Herren, ist in der Tat ein Porträt, aber nicht eines einzelnen Mannes: Er ist ein zusammengesetztes Porträt, bestehend aus allen Lastern, die in der Generation von heute so üppig wuchern.« Der Roman wollte somit im Kern den speziellen Typus eines geistig entrückten, moralisch verkommenen Menschen aufs Korn nehmen, der sich in der Sinnlosigkeit seiner eigenen Existenz verrannt hat.

Ein Held unserer Zeit gilt als Meisterwerk des Goldenen Zeitalters der russischen Literatur und wurde zum Vorbild für spätere »Überflüssiger Mensch«-Romane von Fjodor

Dostojewski, Iwan Turgenjew und Iwan Gontscharow (siehe *Oblomow*). Er lässt sich auch als Vorläufer existenzialistischer Romane des 20. Jahrhunderts lesen.

GEORGE ORWELL
1984

Worum es geht

Ein Science-Fiction-Roman, der ein Zerrbild
von Politik und Gesellschaft entwirft.
Er schildert das unheilvolle Wirken eines totalitären
Staates in einer nicht allzu fernen Zukunft und
die vergeblichen Versuche eines Mannes,
sich dem zu widersetzen und aufzubegehren.

Die Erkenntnis daraus

Sprache ist von zentraler Bedeutung, um Denkprozessen
Raum und Form zu geben. Die Kontrolle und
Manipulation von Sprache zu politischen Zwecken
bringt den Einzelnen um sein Recht auf Rede-, Gedanken-,
Vereinigungs- und Handlungsfreiheit.

Dieses dystopische Buch spielt im Großbritannien der Zukunft, das nun einfach Landebahn Eins heißt und eine Provinz Ozeaniens ist, einem der drei Superstaaten, in die die Welt aufgeteilt ist. Ozeanien ist ein Einparteienstaat, beherrscht von einer nur »die Partei« genannten Elite unter der Führung und den alles sehenden Augen ihres obersten Führers Großer Bruder. Der Held des Romans ist Winston Smith, dessen Aufgabe im Ministerium für Wahrheit darin besteht, Artikel in alten Zeitungen so umzuschreiben, dass sie dem jeweils aktuellen Stand im Propagandasystem der Partei entsprechen. Smith lebt, wie viele Bürger Ozeaniens, in einem Zustand gesteigerter Angst oder Paranoia, da er manche Kollegen entweder für Spitzel der Gedankenpolizei oder Mitglieder einer im Untergrund agierenden Widerstandsbewegung hält, der Bruderschaft. Smith begegnet seiner Arbeitskollegin Julia, und es kommt zu einer heimlichen Liebesbeziehung mit ihr (freier Sex ist verboten), während er von Rebellion und Freiheit träumt.

Schließlich fliegt die Affäre von Winston und Julia auf, beide werden verhaftet und gefoltert mit dem Ziel, ihre Gedanken neu auszurichten, bis sie wieder ganz dem Willen der Partei entsprechen. Letztlich ist es Winstons permanentes Gefühl der Angst und Schwäche, das ihn zu Fall bringt und seine Sehnsucht nach Liebe und Freiheit zunichtemacht.

Der Roman *1984* erfreut sich anhaltender Beliebtheit als mahnende Fabel über die Schrecken totalitärer Regime und ihrer Methoden der Überwachung, Gedankenkontrolle und Folter im Dienst des Machterhalts. Viele seiner Wortschöpfungen sind in den allgemeinen Sprachgebrauch eingegangen, etwa »Gedankenverbrechen«, »Neusprech«, »Doppeldenk« und »Großer Bruder«. Orwell schrieb *1984*, während er gegen seine Tuberkulose ankämpfte, was die düstere Vision ein Stück weit erklärt (er starb sieben Monate nach Erscheinen des

Romans 1949). Als anschauliche Darstellung, wie totalitäre Gesellschaften Angst, Spaltung und Konflikte befördern, steht *1984* neben anderen Dystopie-Klassikern wie Aldous Huxleys *Schöne neue Welt* (1932) und Jewgeni Samjatins *Wir* (1924).

Schon gewusst?

Oft heißt es, Orwell sei auf den Titel des Romans gekommen, indem er das Jahr seiner Fertigstellung nahm, nämlich 1948, und zwei Ziffern vertauschte. Dies hat zu Spekulationen geführt, dass Orwell gar keine düstere dystopische Zukunft entwerfen wollte, sondern es ihm eher um eine satirische Überzeichnung der Welt ging, wie er sie sah oder wohin einige Gesellschaften sich gerade entwickelten. Der ursprüngliche Arbeitstitel allerdings lautete »Der letzte Mensch in Europa«, und der wurde dann auf »1982« geändert, bevor sich Orwell schließlich auf *1984* festlegte. Die Vertauschungstheorie wäre damit vom Tisch – alles reiner Zufall.

ANTHONY BURGESS
UHRWERK ORANGE

Worum es geht

In einer dystopischen Gesellschaft der Zukunft
kommt der Anführer einer Jugendgang
wegen Vergewaltigung und Mordes ins Gefängnis.
Er meldet sich freiwillig für ein neurologisches Experiment,
das ihn umprogrammieren und so von seinen
grausamen Neigungen »heilen« soll.

Die Erkenntnis daraus

Moralische Grundsätze basieren auf dem freien Willen
und der Möglichkeit, zwischen Gut und Böse
wählen zu können. Nimmt man einem Menschen
diese Option, wird er zu einem Automaten.

Erzählt wird *Uhrwerk Orange* (1962) von seinem Helden Alex, 15 Jahre alt und Anführer einer Straßenbande, in einem erfundenen Jargon namens »Nadsat« (ein Mix aus Cockney und Anverwandlungen aus anderen Sprachen, vor allem dem Russischen). Nach einer Gewaltorgie wird Alex von der Polizei verhaftet und wegen Mordes verurteilt. Im Gefängnis begeht er einen weiteren Mord und nimmt dann an einem Versuchsprogramm zur Verhaltensänderung teil, einer extremen Form der Aversionstherapie. Nach seiner Entlassung aus dem Gefängnis und scheinbar »geheilt« von seiner Neigung zur Gewalt, kämpft Alex damit, in sein neues Leben hineinzufinden. Ihm wurde die Fähigkeit genommen, zwischen richtig und falsch zu wählen, und ohne diese Fähigkeit ist er nicht in der Lage, sich für einen Weg der Befreiung oder echter Eingliederung zu entscheiden. Er wird unfreiwillig zum Spielball regierungsfeindlicher Propaganda und begeht einen Selbstmordversuch.

Als düstere Polit- und Sozial-Satire zeigt Burgess' Roman die heimtückischen Methoden auf, mit denen Regierungen Einfluss auf strafbare Handlungen nehmen, um den Einzelnen zu kontrollieren und die Gesellschaft in einem Zustand der Angst und passiver Unterwerfung zu halten.

MURIEL SPARK
DIE BLÜTEZEIT DER MISS JEAN BRODIE

Worum es geht
Eine freimütige und unkonventionelle Lehrerin wählt unorthodoxe Methoden zur Erziehung einer von ihr angeleiteten Gruppe junger Mädchen.

Die Erkenntnis daraus
In der Pädagogik liegt oft eine Grauzone zwischen dem Befördern freien Denkens und moderner Einstellungen und dem Aufdrängen persönlicher Ansichten und Vorurteile.

Auf seiner Oberfläche scheint dieser Roman aus dem Jahr 1961 einem gängigen Erzählmuster zu folgen, das sich in vielen Büchern und Filmen finden lässt: Eine fortschrittliche, begeisternde Lehrkraft wird Opfer des althergebrachten Schulsystems und/oder durch engstirnige Missgunst zu Fall gebracht. In einer Mädchenschule in Edinburgh ermuntert Miss Jean Brodie ihre Schülerinnen, sich auf Kosten von Mathematik und Naturwissenschaften mehr der Kunst, Literatur, Religion und dem Liebeserlebnis zu widmen. Oft über Kreuz mit der Schulleiterin, ermutigt Miss Brodie ihre »Clique« aus sechs wohlbehüteten Mädchen, gegen die Konventionen ihrer Zeit aufzubegehren.

Unter dieser Oberfläche jedoch erforscht der Roman psychologisch komplexe und unheimliche Vorgänge. Miss Brodie wählt die Gruppe, die sie übernimmt, sorgsam aus und macht sich zunutze, dass die Mädchen bedürftig und ungefestigt sind. Sie stachelt sie auf, andere auszugrenzen, manipuliert sie durch Gedanken und Taten und versucht eine Schülerin sogar in eine verbotene Affäre mit einem anderen Lehrer zu verwickeln. Sie bewundert und verklärt die faschistischen Diktatoren Mussolini und Franco; dass sie so offen ihre überdrehte Weltanschauung predigt, führt schließlich zu ihrer Entlassung.

Man könnte Muriel Sparks Buch, obwohl es in den 1930er-Jahren vor dem Hintergrund des Aufstiegs faschistischer Ideologien spielt, auch als bissige Satire auf die Ideen der sexuellen Befreiung und des freien Denkens der jungen Generation nach dem Zweiten Weltkrieg lesen. Die Botschaft lautet, dass sich hinter der Fassade vermeintlicher Freiheit und fortschrittlicher Werte derselbe Fanatismus, dieselbe Ausgrenzung und Unterdrückung verbergen, nur in anderer Form. Der schlanke Roman *Die Blütezeit der Miss Jean Brodie*, geschrieben in Sparks wunderbar sparsamer Prosa, hat viele dunkle Subtexte, die unter seiner scheinbar leichten, graziösen Oberfläche schwelen.

GEORGE ELIOT
MIDDLEMARCH

Worum es geht

Viktorianischer Klassiker rund um das Leben
der Bewohner einer Provinzstadt in den Midlands
von England. Ganz unterschiedliche Charaktere
umkreisen Themen wie die Stellung der Frau
in der Gesellschaft, Idealismus, Ehrgeiz
und das Wesen der Ehe.

Die Erkenntnis daraus

Die Handlungen, Ziele und Wünsche eines Menschen
haben Auswirkungen auf sein Umfeld und umgekehrt.
Die Gesellschaft setzt den Einzelnen unter
Anpassungsdruck, doch Konformismus kann
die persönliche Entwicklung hemmen.

Viele halten *Middlemarch* (1872) für einen der bedeutendsten Romane des 19. Jahrhunderts, wobei er in Sachen Einfallsreichtum und Erzählweise weit moderner erscheint. Der Untertitel »Eine Studie über das Leben in der Provinz« sagt alles, denn Eliot beschreibt im Detail die Ziele, Begabungen, Verhaltensweisen und Wechselbeziehungen einer Reihe verschiedenster Charaktere. Ein zentrales Thema ist die erstickende Institution der Ehe; einige Figuren glauben, aus Liebe zu heiraten, fügen und unterwerfen sich tatsächlich aber nur einer gesellschaftlichen Norm.

In der viktorianischen Erzählliteratur, speziell in Liebesromanen, war es üblich, dass die Geschichte mit einer Hochzeit endet, als sei dies das höchste Ideal, nach dem man bei der Suche nach Glück und Erfüllung streben könne. Mary Anne Evans, Pseudonym: George Eliot, hatte eine unkonventionelle Beziehung mit dem Philosophen und Kritiker George Henry Lewes, die von ihrer Familie verurteilt wurde. Indem sie Ehen entweder als Fehler, Kompromiss oder hohlen Idealismus darstellt, untergräbt sie die Regeln des Genres.

Middlemarch ist keine einfache Lektüre. Man braucht viel Geduld, um sich durch die auf weit über 1000 Seiten ausgebreiteten kaleidoskopischen Details zu kämpfen, doch gründliche Leserinnen und Leser werden mit tiefen Einblicken in die englische Gesellschaft zu einer Zeit des Umbruchs belohnt.

MARK TWAIN
DIE ABENTEUER DES HUCKLEBERRY FINN

Worum es geht

Die Geschichte eines armen weißen Jungen,
der vor seinem gewalttätigen Säufer-Vater davonläuft
und sich mit einem entlaufenen Sklaven zusammentut.
Gemeinsam begeben sie sich auf der Suche nach Freiheit
auf eine Irrfahrt den Mississippi hinab.

Die Erkenntnis daraus

Wer nach persönlicher Freiheit und Unabhängigkeit sucht,
findet sie draußen in der Natur und damit abseits
vorgegebener Werte der »zivilisierten« Gesellschaft.

Dieses Buch von 1884 ist immer dabei, wenn es um die Great American Novel geht, den Kanon US-amerikanischer Romanliteratur. Obwohl als Fortsetzung von *Die Abenteuer von Tom Sawyer* (1876) konzipiert, unterscheidet sich *Huckleberry Finn*, wie man der Einfachheit halber sagt, radikal von seinem Vorgänger. Mark Twain bedient sich eines Ich-Erzählers, der von dem, was er denkt und tut, in der Umgangssprache der Südstaaten berichtet einschließlich verschiedener Dialekte, Redewendungen und unkorrekter Syntax.

Der Roman selbst erzählt eine Geschichte des Übergangs, in der Reise den Mississippi hinab spiegelt sich Huck Finns Reise von der Kindheit zum Erwachsensein. In der homerischen

Tradition der *Odyssee* begegnet Huck allerhand Figuren und Situationen, die ihn immer wieder vor schwierige moralische Entscheidungen stellen und in Zwangslagen bringen, sodass er all seinen Verstand aufbieten muss, um sicher hindurch zu gelangen und seine Selbstfindungsreise fortsetzen zu können.

Das Buch war bei seinem Erscheinen umstritten und spaltet die Kritik bis heute. Ein verbreitetes Problem insbesondere für Leser von heute ist die häufige Verwendung des Wortes »Nigger« und anderer rassistischer Ausdrücke und Stereotype. Hier wird ins Feld geführt, dass der Roman fundamentale Kritik an der Sklaverei übt und eindeutig antirassistisch ist. Im Mittelpunkt der Geschichte steht das Thema der persönlichen Freiheit, Mark Twain verachtet die starre Haltung im »Alten Süden« sowie den Materialismus und Sittenverfall, die den Einzelnen einschränken. Der Alltag von Huck und Jim auf dem Fluss wird als gelebte Freiheit dargestellt und als Flucht vor dem »sievilisierenden« (so!) Druck der Gesellschaft.

Huckleberry Finn ist ein wichtiges Buch in der Geschichte der amerikanischen Literatur. Mit seiner bahnbrechenden Nutzung regionaler Umgangssprache, seinen universellen Themen und seiner Kritik an der Gesellschaft veränderte es im Alleingang die Art, wie man Bücher für Kinder schrieb.

Schon gewusst?

Als *Huckleberry Finn* 1885 in den USA erschien (in Großbritannien und Kanada war es da bereits seit kurzem auf dem Markt), wurde das Buch mancherorts verboten; ein Bibliotheksausschuss erklärte, es sei »Schund« und »nur etwas für die Elendsquartiere«. Paradoxerweise bezogen sich die Einwände gegen den Roman anfangs nicht auf die Rassenthematik, man rieb sich vielmehr an Mark Twains Verwendung der Südstaatensprache und kritisierte ihn für das »rückständige Reden« und die von ihm benutzte Gossensprache. Viele fanden, der Schriftsteller mache sich lustig über die Menschen aus dem Süden, speziell ihre Art zu reden.

F. SCOTT FITZGERALD
DER GROSSE GATSBY

Worum es geht

Romanklassiker, der die tragische Geschichte des rätselhaften Millionärs Jay Gatsby auf der Suche nach seiner verlorenen Liebe erzählt und darin die Genusssucht und moralische Enthemmtheit im New York der 1920er darstellt.

Die Erkenntnis daraus
Augenschein und Wirklichkeit sind oft nicht
deckungsgleich; die Dinge sind nicht immer,
was sie zu sein vorgeben. Und Glück und Liebe
sind nicht käuflich zu erwerben.

Der große Gatsby erschien 1925, mitten in den Roaring Twenties, einer Zeit großer Umbrüche in Wirtschaft und Gesellschaft. Erzählt wird diese Geschichte von Nick Carraway, einem Veteranen des Ersten Weltkriegs, der an die Ostküste der USA gezogen ist, um im Wertpapierhandel tätig zu werden. Durch Carraways Augen verfolgt der Leser die anderen Figuren samt ihren Beziehungen, inneren Antrieben und Eitelkeiten. Hier geht es opulent zu, umfassend beschreibt er prunkvolle Häuser und Kleider und Gatsbys dekadente Partys. Wobei zwischen den beiden Ortschaften East Egg und West Egg klar zu unterscheiden ist. In East Egg sitzt das geerbte »alte« Geld von Tom und Daisy Buchanan, während in West Egg die Neureichen leben, wie Gatsby und der ehrgeizige Carraway.

Der Roman wird oft als eine Kritik am American Dream beschrieben, der Idee, dass die USA ein Land der Zielstrebigen und Einfallsreichen sind, in dem es jeder zu etwas bringen kann. Gatsby ist märchenhaft reich, und Fitzgerald erzählt lustvoll von den Gerüchten, woher sein Geld eigentlich stammt, doch mit all seinem Wohlstand kann er sich nicht kaufen, wonach er sich sehnt: seine verlorene Liebe. Hier scheitert der amerikanische Traum, denn so reich er auch ist, wird Gatsby immer »Mr Irgendwer aus Irgendwo« bleiben (wie Tom Buchanan abschätzig sagt).

Der große Gatsby ist ein kurzer Roman, der auf seinen rund 200 Seiten gleichwohl mehrere große Themen verhandelt. Dazu gehören Dekadenz als innere Einstellung wie im äußeren Verhalten, Klassendenken, Geschlechterrollen und der verderbliche Einfluss des Geldes. Die Geschichte von Jay Gatsbys Aufstieg und Fall ist heute noch genauso fesselnd und relevant wie vor hundert Jahren.

JOHN STEINBECK
VON MÄUSEN UND MENSCHEN

Worum es geht
Die tragische Geschichte zweier Wanderarbeiter,
die während der großen Depression
im Amerika der 1930er-Jahre
von einer eigenen Farm träumen.

Die Erkenntnis daraus
Freundschaft kann eine starke Triebkraft für
das Verhalten von Menschen sein.
Von Träumen zu erhoffen, dass sie Sinn und
Bedeutung in die Welt bringen,
ist dagegen gefährlich.

Dieses schmale Buch, kaum länger als eine Novelle, erzählt die Geschichte der Landarbeiter George und Lennie, die während der Weltwirtschaftskrise auf der Suche nach Arbeit von Ort zu Ort ziehen. Die beiden Männer träumen unablässig davon, eines Tages eine eigene Farm zu besitzen.

Im Verlauf des 1937 erschienenen Romans erkundet Steinbeck das Wesen der Einsamkeit und Vereinzelung. Viele seiner Figuren äußern ihren Wunsch nach Freundschaft. George und Lennie hält Georges Verantwortungsgefühl beieinander, gemeinsam träumen sie von Entscheidungsfreiheit und davon, »sein eigener Herr« zu sein. Es ist ein berauschender Traum, auch die Farm-Kollegen Candy, der sich Absicherung und Gesellschaft im Alter wünscht, und Crooks, der um Anerkennung und Selbstachtung kämpft, lassen sich bereitwillig von ihm verführen.

Die Tragödie, die sich in *Von Mäusen und Menschen* entfaltet, handelt von unerreichbaren, durch die Umstände vereitelten Zielen und in ihrer jeweiligen Situation unentrinnbar gefangenen Menschen. George hat versprochen, sich um Lennie zu kümmern, der geistig behindert ist, doch dies schränkt seine eigene Freiheit ein und wird zu einer Last, die seine Ziele bedroht. Die junge Frau auf der Farm steckt fest in einer unglücklichen Ehe mit Curly, dem brutalen Sohn des Besitzers, und muss ihren Traum aufgeben, ein berühmter Filmstar zu werden. Candy, der bei der Arbeit eine Hand eingebüßt hat, verliert irgendwann seinen treuen Hund und malt sich aus, wie einsam er im Alter sein wird, wenn ihn auf der Ranch niemand mehr braucht. Lennie kann nichts für seine Behinderung und eine psychische Störung, die dazu führt, dass er alles Weiche (etwa auch Mädchenkleider) zwanghaft berühren muss, wodurch er zu einer Gefahr für sich und andere wird.

Auf den wenigen Seiten dieses Buches hat Steinbeck eine heftige Geschichte über Einsamkeit und Überforderung, Grausamkeit und gescheiterte Träume geschrieben.

WILLIAM MAKEPEACE THACKERAY
JAHRMARKT DER EITELKEIT

Worum es geht

Parallel erzählte Geschichte zweier junger Frauen, die zur Zeit der Befreiungskriege gegen Napoleon versuchen, in der englischen Oberschicht Fuß zu fassen.

Die Erkenntnis daraus

Das Streben nach Reichtum und Status mittels unmoralischer Methoden und blinden Ehrgeizes endet letztlich in Traurigkeit, Scheitern und sozialer Isolation.

Jahrmarkt der Eitelkeit (*Vanity Fair*) erschien zunächst in zwanzig Fortsetzungen in der Satirezeitschrift *Punch* und 1848 in Buchform. Die ursprünglichen Teile trugen den Untertitel »Pen and Pencil Sketches of English Society« (Bleistift- und Feder-Skizzen der englischen Gesellschaft), was den Stil und den kecken Ton des Romans gut zum Ausdruck bringt. Die ausufernde Handlung dreht sich um zwei junge Frauen, Becky Sharp, eine Waise, und Amelia »Emmy« Sedley, ein Mädchen aus gutem Hause. Die beiden Freundinnen sind völlig verschieden: Becky ist ehrgeizig, manipulativ und hinterlistig. Sie weiß, was sie will, und schreckt zum Erreichen ihrer Ziele vor nichts zurück. Amelia ist passiv, sensibel, tugendhaft und gütig, wenn auch ein wenig zu arglos gegenüber den harten Realitäten der Welt.

Die Leser folgen den Mädchen durch allerhand Intrigen und Ehen, Affären und Skandale, während sie den »Skizzen« der Menschen auf den oberen Rängen der englischen Gesellschaft des frühen 19. Jahrhunderts begegnen. Als der Roman in Buchform veröffentlicht wurde, änderte Thackeray den Untertitel in *Ein Roman ohne Held*, denn nahezu alle Figuren sind eitel, habgierig und egoistisch und damit voller Schwächen und Fehler.

Jahrmarkt der Eitelkeit befasst sich mit moralischen und ethischen Fragen seiner Zeit und gilt als Klassiker der Gesellschaftssatire. Aus marxistischer Sicht wurde gesagt, ein Hauptthema des Werks sei das »Zur-Ware-werden« der Frau in der Ehe und dass es die Scheinwelt des Frühkapitalismus aufs Korn nimmt. Umgekehrt kann Satire auch konservativ sein, wenn es ihr um die Bewahrung althergebrachter Sitten und Moralvorstellungen zu tun ist. Scharfsichtig spottet Thackeray über hemmungslosen Materialismus und Snobismus, Eitelkeit und Scheinheiligkeit, hat jedoch keine Auswege oder Vorschläge zur Überwindung dieser Übel im Angebot. Vielleicht attackiert Thackeray in Wahrheit die moderne Idee sozialer Aufwärtsmobilität, weil sie für ihn gute alte Werte wie Ehrlichkeit und Anstand untergräbt, und meint, dass jeder wissen sollte, »wo sein Platz ist«. Auf jeden Fall betont das Buch, dass man sich auch mit noch so viel rücksichtslos erworbenem Geld keine bessere Moral erkaufen kann.

THOMAS MANN
DER ZAUBERBERG

Worum es geht
Philosophischer Roman über das Wesen von Krankheit
und Leiden rund um einen jungen Mann,
der in den Jahren vor dem Ersten Weltkrieg
in einem exklusiven Sanatorium in den Schweizer Alpen
lebt, und die Menschen, denen er dort begegnet.

Die Erkenntnis daraus
Das Leben ist ein Streben nach wahrhaft tiefer
Erkenntnis, die sich durch innere Einkehr und
die Erfahrung von Krankheit und Tod erlangen lässt.

Zwölf Jahre lang schrieb Thomas Mann an diesem Roman, der 1924 herauskam. Im Mittelpunkt steht Hans Castorp, Sohn aus wohlhabender Hamburger Kaufmannsfamilie, der gerade sein Studium der Schiffbautechnik abgeschlossen hat. Vor dem Berufseinstieg besucht Castorp seinen Cousin in der Schweiz, der in einem mondänen Sanatorium bei Davos von seiner Tuberkulose zu genesen hofft. Castorp wollte Joachim eigentlich drei Wochen Gesellschaft leisten, doch während seines Aufenthalts zieht er sich eine leichte Erkältung zu. Castorps Zustand verschlechtert sich, und es werden erste Anzeichen von Tuberkulose diagnostiziert, sodass er bleiben muss, bis sich sein Zustand verbessert.

Vom Leben im Sanatorium ist Castorp schnell angetan, vor allem von der unwirklichen Umgebung mit ihrer atemberaubenden alpinen Schönheit und dem »ewigen Schnee«. Das Dasein dort ist geprägt von Freizeit und Müßiggang, unterbrochen von oft sonderlichen Behandlungen und medizinischen Maßnahmen. Castorp freundet sich mit anderen Patienten an, ganz verschiedenen Menschen aus dem europäischen Großbürgertum, die bei allen Unterschieden in Alter, Temperament, Nationalität und Sprache die Erfahrung von Krankheit und drohendem Tod verbindet.

Der Zauberberg ist ein Bildungsroman, bei dem der Held auf eine Reise geht, die zu sittlicher und geistiger Selbstfindung führt, auch wenn das Buch nicht alle Elemente dieser Gattung bedient, da die gesamte Handlung an einem Ort spielt. Hans Castorp entwickelt großen Wissensdurst und lernt viel aus seinen Begegnungen mit den anderen Patienten, doch eine tiefere Einsicht in das Leben erlangt er am Ende durch sein Nachsinnen über den Tod.

Schon gewusst?

Thomas Mann begann mit dem Schreiben des *Zauberbergs* im Jahr 1912, nachdem er seine Frau besucht hatte, die sich in einem namhaften Sanatorium in Davos von einer Lungenentzündung erholte. Er legte ihn zunächst als lustige Kurzgeschichte an, doch dann kam der Erste Weltkrieg, der tiefgreifende Auswirkungen auf Manns Weltanschauung hatte. Er überarbeitete und erweiterte den Roman, wodurch seine Grundstimmung viel düsterer wurde. Die Krankheit lässt sich als Sinnbild des Verfalls der europäischen Gesellschaft lesen, die in den Schrecken des Krieges versinkt.

FRANÇOIS RABELAIS
GARGANTUA UND PANTAGRUEL

Worum es geht

Ein Zyklus aus fünf grotesken und satirischen Romanen des 16. Jahrhunderts, die das Leben und die Abenteuer der Riesen Pantagruel und seines Vaters Gargantua schildern.

Die Erkenntnis daraus

Im Humor liegen Weisheit und Freude, und er hilft dabei, die Welt, ihre Menschen und die Gesellschaft nicht unnötig ernst zu nehmen.

Die französischen Originaltitel dieses Zyklus sind mit Absicht lang und schwer verständlich, weshalb man im Deutschen einfach *Gargantua und Pantagruel* sagt. Das erste Buch, *Pantagruel*, erschien 1532 und schildert die Herkunft der Riesen sowie die Geburt, Kindheit und Bildung Pantagruels. Das zweite Buch, *Gargantua*, geht dem ersten zeitlich voraus (in modernen Gesamtausgaben steht *Gargantua* meist an erster Stelle) und erzählt mehr über Pantagruels Vater Gargantua. Die weiteren drei Bücher sind eine umfassende Parodie auf die Heldenreise in den Romanwerken des Mittelalters (siehe dazu auch *Don Quijote*), wobei der in dieser Literatur existenziell aufgeladene Suchprozess hier insbesondere darin besteht, dass Pantagruels Freund Panurge die Frage erwägt, ob er heiraten sollte.

Gargantua und Pantagruel entstand in Frankreich zur Zeit der Renaissance und ist eine derbe, obszöne Satire. Ehe, Erziehung, Religion, Krieg und gleich welcher Lebensbereich ihm zwischen die Finger kommt, alles überzieht der Autor mit Hohn und Spott. Die Romane persiflieren auch unentwegt die Regeln der Gattung; während zum Beispiel der wackere Held normalerweise aufbricht, um eine Jungfrau zu erretten, tragen Pantagruel und Panurge – aus Sorge, derweil betrogen zu werden – alle nur erdenklichen Gründe zusammen, die gegen das Erretten einer Jungfrau sprechen. Rabelais liebte zudem Wortspiele, er erfand neue Wörter und gab absurde »kluge« Ratschläge.

Gargantua und Pantagruel steht für zwei Ausprägungen der Literaturgeschichte, das »Karnevaleske« und den »grotesken Realismus«. Karnevalesk ist ein literarischer Stil, der, angeregt von der fröhlichen, anarchischen Ausgelassenheit traditioneller (und teils noch heute begangener) Feste und Volksriten, althergebrachte Formen bewusst umkehrt und untergräbt. Überkommene Hierarchien und gesellschaftliche Schranken werden abgeräumt, gängige Dualitäten auf den Kopf gestellt, sodass die Dummen die Klugen sind, das Heilige weltlich wird und so weiter. Im grotesken Realismus werden edle Sitten oder hehre Werte auf ein möglichst niedriges Niveau abgesenkt; bei Rabelais waren dabei gern die Körperfunktionen und lachhaften Mängel der menschlichen Anatomie mit im Spiel.

Rabelais war einer der frühesten europäischen Satiriker, dessen Einfluss auf spätere Romanen wie *Don Quijote*, *Tristram Shandy* und *Gullivers Reisen* klar zutage liegt.

FRANZ KAFKA
DIE VERWANDLUNG

Worum es geht

Als der Handelsreisende Gregor Samsa eines Morgens aufwacht, stellt er fest, dass er sich in ein riesiges Insekt verwandelt hat. Nun muss er mit seinem neuen Zustand und dem Entsetzen und Ekel seiner Familie klarkommen.

Die Erkenntnis daraus

Menschen können aus sozialen Bindungen herausfallen. Ihre Persönlichkeit und ihr Selbstwertgefühl leiden unter allzu großen Erwartungen und drückenden Pflichten.

Kafkas Novelle aus dem Jahr 1915 erzählt die tragische Geschichte eines Mannes, der sich unerklärlicherweise in ein riesiges Ungeziefer verwandelt hat. Gregor Samsa, der Held, findet sich zunächst irgendwie mit seiner Lage ab und versucht in der Hoffnung, dass dies alles nur ein vorübergehender Zustand ist, so normal wie möglich weiterzuleben. Gregors Familie reagiert ganz unterschiedlich auf seine Verwandlung, die Gefühle reichen von Feindseligkeit und Abscheu über Anteilnahme und Mitleid bis zu Scham und Gleichgültigkeit.

Gregor, so erfahren wir, ist der Hauptverdiener im Haushalt, und die Gedanken seiner Familie kreisen anfangs nicht primär um sein Wohlbefinden, sondern darum, wer denn die Miete zahlt, wenn der Sohn nichts mehr verdient. Sein Arbeitsalltag war von ähnlicher Gleichgültigkeit und Ausbeutung bestimmt, und doch gilt nach der Verwandlung seine Hauptsorge der Frage, wie sich das Ganze auf seinen Job auswirkt. Es fällt auf, dass sich seine Schwester Grete als Einzige in der Familie fragt, warum er sich denn in ein riesiges Insekt verwandelt hat und wie er sich nun wohl fühlt. Schließlich wendet sie sich von ihm ab – ein wirklich herzzerreißender Moment der Literaturgeschichte.

Zur Beschreibung der *Verwandlung* fallen oft die Begriffe absurd oder existenzialistisch, sie lässt sich aber auch sinnbildlich lesen als Geschichte über die Stigmatisierung unumkehrbar schwer erkrankter Menschen. Gregor verzweifelt, während sich seine Familie zunehmend schwertut mit ihm und ihn vor der Welt wegsperrt; schließlich siecht er dahin und verhungert, gestorben an Abgestumpftheit und

Unterlassung. *Die Verwandlung* ist eine starke, eindringliche Parabel darüber, wie es ist, Mensch in einer unmenschlichen Welt zu sein.

ERNEST HEMINGWAY
DER ALTE MANN UND DAS MEER

Worum es geht
Ein alter kubanischer Fischer geht auf die Suche
nach dem Fang seines Lebens und gerät in
einen heroischen Kampf mit einem riesigen Marlin.

Die Erkenntnis daraus
Beharrlichkeit, Hoffnung und Größe angesichts
einer Niederlage sind mächtige Eigenschaften,
aus denen sich Kraft schöpfen lässt
für die Aufgaben und Kämpfe im Leben.

Dieser Kurzroman von 1952 war Ernest Hemingways letztes bedeutendes Erzählwerk, das zu seinen Lebzeiten erschien. Santiago, ein alter kubanischer Fischer, hat eine Pechsträhne und seit 84 Tagen keinen Fisch mehr gefangen. Die Mitglieder seiner örtlichen Fischergemeinde sind abergläubisch und haben Santiago als »salao« gebrandmarkt, umgangssprachlich für »verflucht«. Dieser Aberglaube hat dazu geführt, dass Santiago seinen jungen Helfer Manolin verloren hat; dessen

Familie hat ihn gedrängt, auf dem Boot eines anderen, erfolgreicheren Fischers zu arbeiten.

Um den Fluch abzuschütteln, fährt Santiago los, um weit draußen auf dem Meer zu fischen, dort kommt es zu einem epischen, aufreibenden Kampf mit einem riesigen Marlin, einem Speerfisch. Der Kampf dauert mehrere Tage und Nächte, schließlich trägt Santiago den Sieg davon. Doch der Fischer hat sich weit vom Land entfernt und muss verletzt und erschöpft durch Gewässer voller Haie steuern, um heimzukommen.

In *Der alte Mann und das Meer* erhebt Hemingway das schlichte Abenteuer eines Mannes im Kampf gegen die Naturgewalten zu einer Allegorie von Mut und Widerstandsgeist der Menschen. Santiago versteht seinen Kampf mit dem Marlin als edles Ringen unter Gleichen und erkennt, dass die Herausforderungen durch den Fisch die besten Eigenschaften wie Hoffnung, Mut, Liebe und Beharrlichkeit zutage fördern. Aufgrund mangelnden Schlafs halb im Delirium, nennt Santiago den Marlin an einigen Stellen seinen »Bruder« und sinnt darüber nach, ob es eine Sünde sei, das Tier zu töten. Er gewinnt zwar den Kampf, verliert aber den Krieg, denn sein Fang wird von Haien gefressen. Doch Santiagos Geist bleibt ungebeugt, er gelobt, weiter zu kämpfen, und sagt am Ende: »Der Mensch ist nicht für Niederlagen geschaffen. Ein Mensch lässt sich vernichten, aber nicht besiegen.«

VICTOR HUGO
DIE ELENDEN

Worum es geht

Epischer französischer Roman rund um
die Herausforderungen des ehemaligen Sträflings
Jean Valjean, der ein Leben als moralisch guter Mensch
zu führen versucht, während um ihn herum allumfassende
soziale Ungerechtigkeit und Vorurteile herrschen.

Die Erkenntnis daraus

Liebe, Anteilnahme und Vergebung sind
universelle Werte. Sie anderen zuteilwerden zu lassen,
ist ein großes Geschenk, das zum Entstehen
einer gerechten und freien Gesellschaft beiträgt.

Die Elenden (*Les Misérables*) ist ein Mammutroman. Er hat seinen Platz unter den bedeutendsten Büchern aller Zeiten und inspirierte unzählige Bühnen- und Filmadaptionen, allen voran die am längsten laufende Musical-Show der Welt. Das Buch, erschienen 1862, handelt vom Bauern Jean Valjean, der nach dem Abbüßen einer langen Zuchthausstrafe gelobt, in der Welt Gutes zu tun und gegen Ungerechtigkeit anzukämpfen. Viele Jahre hindurch versucht Valjean, seine Vergangenheit hinter sich zu lassen, hat aber ständig den obsessiven, rachsüchtigen Polizeiinspektor Javert an den Fersen. Die Geschichte kulminiert im Pariser Juni-Aufstand von 1832.

Victor Hugo nutzt die Handlung als Leinwand, um virulente Fragen seiner Zeit darzustellen: die Armut und ungleiche Verteilung des Wohlstands, die Rolle der Frauen, die Industrialisierung, soziale Gerechtigkeit und die Teilhabe des Volkes an der Macht. Der Roman ist so etwas wie eine Enzyklopädie der Geschichte Frankreichs mit zahlreichen Abschweifungen zu Themen, die oft wenig direkten Bezug zur eigentlichen Erzählung haben, aber den Roman fest in seinem historischen Kontext verorten.

Die Lektüre dieses sehr, sehr dicken Romans erfordert große Geduld und Hingabe, doch hartnäckige Leser (die auch mit den Abschweifungen klarkommen) werden nicht nur mit dem Gefühl belohnt, etwas vollbracht zu haben, sondern auch mit einer zeitlosen Geschichte über Vergebung, Gnade und Erlösung.

CHARLES DICKENS
GROSSE ERWARTUNGEN

Worum es geht

Die Geschichte vom Aufstieg des Waisenjungen Pip, der ein feiner Herr werden und seinem niedrigen Stand entkommen will.

Die Erkenntnis daraus

Liebe, Loyalität und Güte sind wichtige Werte.
Auf ihnen beruht jedes Gefühl für Anstand und Moral, und
sie bilden die Grundlage für echte Bindungen,
die mit Oberflächlichkeiten wie materiellem Wohlstand
und sozialem Status nicht zu gewinnen sind.

Dieser Roman zählt zu den beliebtesten von Charles Dickens und enthält einige seiner fesselndsten Figuren. Im Kern eine Mischung aus Schauer- und Bildungsroman, erzählt er die Geschichte des Schmiedelehrlings Pip, der davon träumt, ein wohlhabender, kultivierter Gentleman zu werden. Das Buch beginnt mit einer sehr starken Szene: Auf einem Friedhof trifft Pip auf den entflohenen Sträfling Magwitch, er besorgt ihm etwas zu essen und zu trinken und befreit ihn von seinen Ketten, was ihm Magwitch nie vergessen soll.

In jungen Jahren hat Pip die Aufgabe, Estella, der Adoptivtochter der rätselhaften Miss Havisham, als Spielkamerad zu dienen. Später verliebt sich Pip in Estella, und eines Tages erhält er die Nachricht, dass ein unbekannter Wohltäter ihm sehr viel Geld bereitstellt, damit er nach London gehen und zu einem feinen Herrn herangebildet werden kann.

Große Erwartungen, erschienen 1861, behandelt viele typisch Dickens'sche Themen wie Klassenzugehörigkeit, die verderbliche Macht des Reichtums sowie Verbrechen und Strafe. Pips »große Erwartungen« sind, dass er durch Arbeit an sich selbst, Wohlstand und gesellschaftliches Ansehen zu einer anständigen Persönlichkeit heranreift, während eben dieser Drang nach höherer Stellung am Ende seine moralische Urteilsfähigkeit trübt.

PHILIP ROTH
AMERIKANISCHES IDYLL

Worum es geht
Während der turbulenten politischen Ereignisse
in den USA der 1960er- und frühen 1970er-Jahre
gerät das »perfekte Leben« eines erfolgreichen
Geschäftsmannes aus den Fugen.

Die Erkenntnis daraus
Die Erwartungen des Einzelnen an sein Leben stehen
oft wenig im Einklang mit der harten Realität
dort draußen. Insbesondere dann, wenn der dünne Firnis
aus Ehrsamkeit und schönem Schein abgetragen wird.

Dieser Roman aus dem Jahr 1997 erzählt das Leben von Seymour »der Schwede« Levov, Inhaber einer profitablen Handschuhfabrik. Philip Roth bedient sich dabei eines Erzählers, Nathan Zuckerman, der mit Seymours Bruder Jerry befreundet war und bei einem Klassentreffen seiner alten Highschool erfährt, wie Seymours Welt später völlig kollabierte. Zuckerman versucht nun, sich den tiefen Fall des »Schweden«

vor dem Hintergrund wichtiger Ereignisse der Zeit wie Rassenunruhen und politischen Kämpfen bewusst zu machen.

Seymour, Sohn jüdischer Einwanderer, die sich sämtliche Statussymbole der oberen Mittelschicht erarbeitet haben, verkörpert geradezu den American Dream. An seiner Highschool wird er als Sportskanone verehrt, er heiratet eine Schönheitskönigin, führt ein erfolgreiches Unternehmen, besitzt ein schönes Anwesen in der Vorstadt und hat eine Tochter, Merry, die er abgöttisch liebt. Merry hat einen Sprachfehler, sie stottert, zudem leidet sie unter Angstzuständen, was sie verunsichert und für erheblichen Stress und Frust sorgt. Therapieversuche bleiben ohne Erfolg, Merry geht immer mehr auf Distanz und engagiert sich für zunehmend extreme politische Ziele. Auf dem Höhepunkt von Merrys Radikalisierung platziert sie eine Bombe im Postamt des Ortes, die einen unschuldigen Passanten tötet – infolge dieser Tat bricht Seymours Welt zusammen.

Im Roman greift Roth historische Momente der Zeitgeschichte seines Landes auf und verwebt sie miteinander, etwa die Anti-Vietnamkriegs-Proteste, die Rassenunruhen in Newark 1967, die Aktivitäten militanter Organisationen wie den Weathermen und den Black Panthers sowie den Watergate-Skandal. Damit liefert er den Kontext und Kontrast zwischen Seymours idyllischem Dasein und der harten Realität für weite Teile der damaligen US-Gesellschaft. Für *Amerikanisches Idyll* erhielt Roth 1998 endlich den Pulitzer-Preis für Belletristik. Damit endete für ihn, der zuvor schon drei Mal nominiert gewesen war, eine lange Pechsträhne.

HENRY JAMES
BILDNIS EINER DAME

Worum es geht

Eine hübsche junge amerikanische Erbin reist nach Europa. Dort gerät sie durch zwei clevere amerikanische Auswanderer, die es auf ihr Erbe abgesehen haben, in eine lieblose Ehe.

Die Erkenntnis daraus

Künstliche Fassaden und die Erwartungen einer oberflächlichen, materialistischen Gesellschaft bringen einen Menschen leicht um seine Freiheit und Persönlichkeit.

In *Bildnis einer Dame* (1881) behandelt Henry James ein Thema, das in vielen seiner Romane eine Rolle spielt: die Spannung zwischen den Werten der alten Welt und der neuen Zeit. Die Amerikanerin Isabel Archer gehört ganz und gar der neuen Zeit an. Sie ist extrem unabhängig, will reisen, etwas erleben und sich nicht der Erwartung der alten Welt unterwerfen, dass sie nur eine treusorgende Ehefrau zu sein hat. Im ersten Teil des Romans lehnt sie mehrere Heiratsanträge ab, da sie fest entschlossen ist, frei zu bleiben.

Alles nimmt eine Wendung, als Isabel unerwartet ein stattliches Vermögen erbt. Bis dahin hatte sie keinen besonderen Rang auf der Stufenleiter der Gesellschaft inne, doch nun steigt sie in eine höhere Schicht auf, damit wird sie unweigerlich zum Objekt heftiger und zerstörerischer Begierde. Isabel lernt Gilbert Osmond kennen und heiratet ihn, da dieser wenig begütert ist und sie irrigerweise glaubt, sie würden eine Ehe unter Gleichen führen. Doch damit läuft sie in die Falle, die Osmond und seine frühere Geliebte Madame Merle geschickt aufgestellt haben, um an Isabels Vermögen zu kommen. Osmond ist in Wirklichkeit ein engherziger Egoist, zunehmend gängelt und schikaniert er Isabel, was die Grundfesten ihrer Freiheitsliebe erschüttert. Sie steckt in einer Zwickmühle: Soll sie so leben, wie sie es niemals gewollt hat, und allem Elend zum Trotz ihre Pflichten als Ehefrau erfüllen, oder soll sie fliehen und ihre Unabhängigkeit zurückgewinnen?

Bildnis einer Dame erzählt davon, wie schlecht die Werte der neuen Zeit – Freiheit, Autarkie und Selbstverwirklichung – mit denen der alten Welt zusammenpassen: Status, Treuepflicht und vor allem die fadenscheinige Hülle alles Äußerlichen. Das Buch gilt als frühes Meisterwerk von Henry James und schlägt eine Brücke von den realistischen Romanen der Anfangszeit zu seinen experimentelleren und komplexeren späteren Romanen.

WILLIAM GOLDING
HERR DER FLIEGEN

Worum es geht

Nach einem Flugzeugabsturz hat es eine Gruppe
junger Schüler auf eine abgelegene Insel
ganz ohne Erwachsene verschlagen; nun müssen sie
für sich selbst sorgen, um zu überleben.

Die Erkenntnis daraus

Lebt ein Mensch abgelöst von den moralischen
und ethischen Leitlinien der Zivilisation,
verfällt er in Gewalt und Barbarei.

Inspiriert wurde dieses 1954 erschienene Buch durch ein Jugendbuch aus dem 19. Jahrhundert, *Die Koralleninsel. Eine Geschichte aus der Südsee* (1857) des schottischen Autors R. M. Ballantyne. In Ballantynes Abenteuer stranden drei junge Überlebende eines Schiffbruchs auf einer einsamen Insel, wo sie jedoch Köpfchen beweisen. Sie sind erfinderisch und mutig und haben einen zivilisierenden Einfluss auf die als primitiv dargestellten Ureinwohner, denen sie begegnen.

Golding hatte dieses Buch schon als Kind gemocht. In seiner Zeit als Englischlehrer an einem Jungengymnasium begegnete es ihm wieder und inspirierte ihn dazu, ein ähnliches Buch aus entgegengesetzter Perspektive zu schreiben: Was, wenn das Böse und »Wilde« von innen käme und sich in den Jungen selbst offenbarte? Diese Frage kommt dem intelligenten und von Visionen heimgesuchten Simon etwa in der Mitte von Goldings Roman.

In *Herr der Fliegen* schmieden die Jungen zunächst ein unsicheres, aber allen dienliches Bündnis, dann treten die Spannungen zwischen den beiden »Alpha-Jungen« Ralph und Jack zunehmend zutage, was zu einem Machtkampf führt. Angst, Aberglaube und der blutrünstige Nervenkitzel beim überlebensnotwendigen Jagen und Töten versetzen die Jungen in einen kollektiven Furor, der zu Gewalt, Grausamkeit und Mord führt. Golding gibt zu verstehen, dass der Mensch eine ihm innewohnende Anlage zum Bösen hat und dass dieses Böse unter bestimmten Bedingungen wie dem Fehlen klarer ethischer Normen (von der Religion vorgegeben) und Gesetze (von den Regierungen erlassen) aufblühen und dominant werden kann.

Herr der Fliegen schildert das brutale Abbild einer Gesellschaft, die sich auflöst und in Finsternis und Grausamkeit versinkt. Der Roman spielt vor dem Hintergrund eines unbenannten Krieges und lässt sich durchaus als Gleichnis auf die Gräueltaten des Zweiten Weltkriegs lesen, die Golding als Offizier der Royal Navy aus erster Hand miterlebt hatte.

FLANNERY O'CONNOR
DIE WEISHEIT DES BLUTES

Worum es geht

Eine tragikomische Parabel über Glauben, Sünde und Erlösung. Ein Veteran des Zweiten Weltkriegs kehrt in seine Heimat Tennessee zurück, dort löst er sich von den Einflüssen seiner evangelikalen Erziehung und betätigt sich als Prediger einer Anti-Religion.

Die Erkenntnis daraus

Eine bittere Einsicht: Was wir besonders stark abstreiten und von uns fernhalten wollen, ist paradoxer- und zerstörerischerweise oft das, was wir am meisten brauchen und ersehnen.

Die US-Literatur des 20. Jahrhunderts hat wenige derart denkwürdige Anti-Helden hervorgebracht wie Hazel Motes in diesem Meisterwerk des »Southern Gothic«. Frisch aus der Armee entlassen, begibt sich Hazel nach dem Zweiten Weltkrieg auf die Suche nach Wahrheit und spiritueller Erlösung. Hazel, der an einer posttraumatischen Belastungsstörung leidet und sich von Gott verlassen fühlt, lässt sich als Straßenprediger nieder und gründet seine eigene Missionsbewegung, die »Kirche ohne Christus«.

Hazels Reise zur Erlösung bringt ihn in Kontakt und Konflikt mit einer Reihe grotesker und sittlich fragwürdiger

Gestalten, von Prostituierten bis hin zu Bauernfängern. Derweil versucht er damit klarzukommen, dass er sich von seinem Glauben losgesagt hat, sich aber gleichzeitig fragt, wie er für seine Sünden büßen und das Wort der einzig wahren Lehre verbreiten kann.

Der Roman *Die Weisheit des Blutes* (*Wise Blood*), erschienen 1952, steckt voll schwarzem Humor und Absonderlichem. Zudem ist er gespickt mit sarkastischen Bemerkungen, die die Rolle der Religion in einer in vielerlei Hinsicht so glaubensfernen Welt in Frage stellen, aber letztlich vielleicht auch bekräftigen. Wie O'Connor schlau bemerkt: »Glaube ist, was einer für wahr hält, gleich ob er daran glaubt oder nicht.«

Schon gewusst?

Die amerikanische Schriftstellerin Flannery O'Connor hat in ihrem tragisch kurzen Leben über zwei Dutzend Kurzgeschichten verfasst, aber nur zwei Romane vollendet. Sie starb 1964 im Alter von 39 Jahren an den Komplikationen von Lupus, einer unheilbaren Autoimmunkrankheit.

HARPER LEE
WER DIE NACHTIGALL STÖRT

Worum es geht
Ein verwitweter weißer Anwalt tief im Süden
der USA übernimmt die Verteidigung
eines Schwarzen, der zu Unrecht der Vergewaltigung
einer weißen Frau beschuldigt wird.

Die Erkenntnis daraus
Einblicke in das Moralempfinden einer Gesellschaft
und den Glauben, dass Menschen entweder grundsätzlich
gut oder grundsätzlich böse sind, sowie in die möglichen
Folgen von Vorurteilen und Diskriminierung.

Wer die Nachtigall stört, erschienen 1960, ist einer der erfolgreichsten und beliebtesten Romane englischer Sprache, weltweit in mehr als 40 Millionen Exemplaren verkauft. Er spielt in der Kindheit eines Mädchens mit dem Kosenamen Scout, das mit ihrem Vater und älteren Bruder in Alabama lebt. Scout erzählt von ihrem Alltag, den Spielen mit ihrem Bruder Jem und ihrem besten Freund Dill und vor allem von ihrer Faszination für ihren nebulösen Nachbarn Arthur »Boo« Radley, den sie nie zu Gesicht bekommt.

Scouts Vater Atticus Finch übernimmt die Verteidigung des Schwarzen Tom Robinson, der nach seiner Einschätzung zu Unrecht der Vergewaltigung einer weißen Frau beschuldigt wird. Dieser Schritt hat größere Auswirkungen auf das Gemeinwesen und bringt die Kinder in Kontakt mit den Schattenseiten ihrer Gesellschaft, indem sie den Einfluss und die tragischen Folgen von Vorurteilen, Intoleranz und Ungerechtigkeit erfahren.

Ein Hauptthema von *Wer die Nachtigall stört* ist der Übergang vom Zustand kindlicher Unschuld hin zu ersten elementaren Erfahrungen und Einsichten. Weil ihr Vater Tom Robinson verteidigt, werden Scout und Jem in der Schule gemieden und geschmäht. Mühsam versuchen sie zu begreifen, was ihre Peiniger antreibt und einige Bewohner der Stadt so sein lässt, wie sie sind. Als Tom Robinson von den rassistisch voreingenommenen Geschworenen für schuldig befunden wird, ist Jem entsetzt, wie ungerecht es hier zuging, und desillusioniert von den Menschen in seiner Gemeinde. Für ihn bildet dieses Ereignis einen Übergangsritus, Jem lässt die Kindheit hinter sich und wird zu einem jungen Mann, der durch diese Erfahrung Mitgefühl und Empathie ausgeprägt hat und nun weiß, dass es Unrecht und Schlechtigkeit in der Welt gibt.

JONATHAN SWIFT
GULLIVERS REISEN

Worum es geht
Satirischer Roman über die Seereisen eines Kapitäns zu allerhand fantastischen Inseln und die Abenteuer und Menschen, die ihn dort erwarten.

Die Erkenntnis daraus

Wahrheit und Moral sind immer relativ. Sie existieren in Bezug auf eine Kultur, Gesellschaft oder einen historischen Kontext und sind fließend, nie absolut.

Gulliver, der Held dieses Buches, fährt an einige der seltsamsten Orte, die von einem Schriftsteller erdacht wurden. Seine erste Reise führt ihn (nach einem Schiffbruch) auf die Insel Liliput, wo er sich als Riese unter Menschen wiederfindet, die nicht größer als 15 Zentimeter sind. Die nächsten Reisen führen ihn nach Brobdingnag, wo er von Riesen umgeben ist, und auf eine schwebende Insel namens Laputa, wo die Menschen alle in Mathematik und Musik vernarrt sind, bevor er schließlich in das von kultivierten sprechenden Pferden bewohnte Land der Houyhnhnms gelangt, die eine Rasse missgestalteter, wilder Kreaturen in Menschengestalt versklavt haben, die Yahoos.

Gullivers Reisen, erschienen 1726, folgt der literarischen Gattung der menippeischen Satire, die sich weniger über konkrete Personen oder Institutionen hermacht als vielmehr über die Verfasstheit ganzer Gesellschaften und ihre kulturell bedingten Denkstrukturen. Die menippeische Satire übt ihre Kritik eher mit der Schrotflinte, sie springt von einem Objekt zum nächsten und setzt auf die Parodie noch eine Allegorie obendrauf. Swifts Buch parodiert auch die Gattung »Reiseroman« und wendet sich gegen den vermeintlichen Realismus aktueller Romane seiner Zeit wie *Robinson Crusoe*. Opfer von Swifts Spottlust werden das Königtum, Politiker, das

Verhältnis der englischen Krone zu Irland und die Gelehrtengesellschaft Royal Society. Der Roman gilt zudem als ein frühes Werk der Science-Fiction- und der Fantasy-Literatur.

TOM WOLFE
FEGEFEUER DER EITELKEITEN

Worum es geht
Ein vermögender Börsenmakler an der New Yorker
Wall Street gerät in einen juristischen und
politischen Skandal, als seine Geliebte
einen schwarzen Jugendlichen überfährt.
Hilflos muss er dabei zusehen, wie sein perfektes,
privilegiertes Leben zu Staub zerfällt.

Die Erkenntnis daraus
Geld und Status entbinden niemanden von
seiner grundsätzlichen Verantwortung
für die Folgen seines Handelns.

Als Sherman McCoy, ein privilegierter Weißer und höchst erfolgreicher Broker, auf dem Weg vom Flughafen falsch abbiegt, setzt dies eine Kette von Ereignissen in Gang, die sich zu einem großen Polit-Skandal und Medienspektakel auswachsen. Sherman und seine Geliebte Maria müssen unterwegs anhalten, um Trümmer zu beseitigen, die eine Autobahnauffahrt blockieren, dabei treffen sie auf zwei schwarze Jugendliche. Aus Angst, dass sie ausgeraubt werden sollen, gibt Maria Gas, überfährt einen der beiden Jugendlichen und verletzt ihn schwer. Sherman ist zunächst dafür, den Vorfall der Polizei zu melden, doch Maria überzeugt ihn davon, dass die Polizei dies nicht interessieren würde und es überhaupt allen egal sei, da sie sich »im Dschungel« befänden.

Die Anmaßung und der Zynismus des Paares führt zu seinem Untergang, denn diverse Leute sehen ihre Chance, von dem nun aufkommenden Skandal zu profitieren, unter ihnen ein gescheiterter Enthüllungsjournalist, korrupte, ehrgeizige Anwälte sowie Lokalpolitiker und politische Aktivisten.

Fegefeuer der Eitelkeiten (1987) erschien zunächst stückweise in der Zeitschrift *Rolling Stone*, da Wolfe seinen Lieblingsautoren Charles Dickens und William Makepeace Thackeray nacheifern wollte, die die meisten ihrer Werke erst als Fortsetzungsromane veröffentlichten. Wie diese wollte Wolfe ein Chronist der sozialen, moralischen (bzw. unmoralischen) und kulturellen Stimmung seiner Zeit sein. Bei Publikum und Kritik war seine bissige Satire auf die Gier und Hybris in den USA ein großer Erfolg.

JAMES BALDWIN
VON DIESER WELT

Worum es geht

Halb-autobiografischer Roman über einen
in den 1930er-Jahren in Harlem,
New York aufwachsenden Teenager und sein Verhältnis
zu seiner Familie und der örtlichen Kirche.

Die Erkenntnis daraus

Religion bietet Gemeinschaft und ist eine Kraftquelle,
kann aber auch der Auslöser von Repression und
moralischer Scheinheiligkeit sein.

Im Zentrum dieser Coming-of-Age-Geschichte über Glauben, Sexualität, Rasse und Sünde steht John Grimes. Den Jungen beschäftigen die Beziehung zu seinem Stiefvater und seine erwachende Sexualität. Die Handlung vollzieht sich an einem einzigen Tag, dem 14. Geburtstag des Helden. In Rückblenden wird das Leben von Johns Stiefvater Gabriel, seiner Mutter Elizabeth und seiner Tante Florence geschildert, die im tiefen Süden der USA aufwuchsen, bevor sie in den Norden nach New York zogen.

Baldwins Roman hat Religion und die Bibel zum zentralen Thema. Gabriel predigt gelegentlich in der Kirche seiner Gemeinde und hat seine beiden Söhne streng religiös erzogen. Der Roman steckt voller Verweise und Anspielungen auf

Religiöses (schon der englische Originaltitel, *Go Tell It on the Mountain*, wurde nach einem afroamerikanischen Spiritual gewählt). Auch die Namen der Figuren entstammen der Religion: John bezieht sich auf Johannes den Täufer und Gabriel auf den Erzengel.

Der zweite Teil des Romans besteht aus drei »Gebeten« in Form von Rückblenden. Diese offenbaren viel über die innersten Gedanken und Beweggründe der Hauptfiguren und untermauern die Rolle, die der Glauben in ihrem Leben einnimmt. Am Ende hat John eine Abfolge von Erscheinungen, die ihn von seinen Sünden reinigen und ihn wieder stärker an Gott binden. *Von dieser Welt*, erschienen 1953, erkundet die positiven wie negativen Seiten des christlichen Glaubens.

RAYMOND CARVER
EINE KLEINE, GUTE SACHE

Worum es geht
Eine tragische Geschichte über einen Verkehrsunfall
und eine Kommunikationspanne,
die viel Schmerz und Streit zur Folge hat,
schließlich jedoch beigelegt werden kann.

Die Erkenntnis daraus
Die Kraft der Vergebung und der kollektiven Trauer
ist eine »kleine, gute Sache«, die helfen kann,
Angst und Schmerz zu heilen.

Diese Short Story erschien erstmals in Raymond Carvers Erzählband *Kathedrale* von 1983. Sie beginnt damit, dass ein bürgerliches amerikanisches Ehepaar bei einem wortkargen, muffeligen Bäcker zum achten Geburtstag ihres Sohnes Scotty eine Geburtstagstorte bestellt. Auf dem Weg zur Schule wird Scotty von einem Auto angefahren, und obwohl er nur einen Schock erlitten zu haben scheint, legt er eine verzögerte Reaktion an den Tag und fällt später ins Koma. Die Geschichte erzählt nun von den schlimmen Ängsten der Eltern, die im Krankenhaus bis zur Erschöpfung an seinem Bett wachen und hoffen, dass Scotty aus dem Koma erwacht. Unterdessen beginnt der Bäcker ohne Kenntnis von Scottys Situation einen Rachefeldzug in Form nächtlichen Telefonterrors bei dem Paar, weil der von ihm gebackene Kuchen nie abgeholt wurde.

Eine kleine, gute Sache ist eine typische Raymond-Carver-Geschichte, die in knapper, spröder Prosa komplexe Gefühle vermittelt. Die Qualen des Paares, das hilflos auf die Genesung seines Sohnes wartet, sind wunderbar berührend geschildert, ohne rührselig oder melodramatisch zu geraten. Die Geschichte mündet letztlich in einen Moment der Hoffnung und Versöhnung. Diese meisterliche Kurzgeschichte verdichtet die gesamte Bandbreite menschlicher Empfindungen zu einer tragischen Erzählung vom Schmerz.

3. KAPITEL

UNTERDRÜCKUNG UND KAMPF

Die Überschrift dieses Kapitels mag, jedenfalls flüchtig besehen, irreführend sein. Kampf als Thema und Element der Literatur kann innerhalb einer Erzählstruktur in vielerlei Gestalt auftreten, und in dieser oder jener Form sind Kämpfe in den meisten Geschichten enthalten. Kampf ist im Kern definiert als Kollision zweier gegnerischer Kräfte und die zwischen ihnen herrschende Spannung, und er kann innerer oder äußerer Natur sein. Innere Kämpfe betreffen in der Regel einen Menschen im Streit mit sich selbst, dann geht es um einen inneren Konflikt, der durch eine Zwangslage, eine schlechte Entscheidung, äußere Umstände oder durch irgendeinen Zufall ausgelöst wird. Bei äußeren Kämpfen wehrt sich ein Mensch gegen übelwollende Kräfte draußen in der Welt, die ihn bedrängen, einengen oder anderswie dazu zwingen, ihnen entgegenzutreten.

Viele der Romane in diesem Kapitel handeln von äußeren Kämpfen wie Kriegen und gewaltsamen politischen Systemen (Sklaverei, Apartheid, Totalitarismus), die Menschen Freiheit und Handlungsspielräume verweigern. Einige der Bücher ließen sich Protestliteratur nennen, andere verleihen denjenigen eine Stimme, die bislang keine hatten oder unterrepräsentiert waren. Einige literarische Werke gelten zudem als grundlegende Zeugnisse über besonders schreckliche Momente in der Geschichte der Menschheit, die scheinbar Unsagbares zu sagen versuchen.

CHINUA ACHEBE
ALLES ZERFÄLLT

Worum es geht
Die Kämpfe von Okonkwo, Angehöriger
eines Stammes im Südwesten Nigerias, der sich gegen
die Zerstörung seiner Kultur durch die Macht
des westlichen Kolonialismus stemmt.

Die Erkenntnis daraus
Werte, Bräuche und Traditionen halten Gemeinschaften
zusammen, sind jedoch wehrlos gegenüber dem Wandel
durch die Moderne und dem Druck kolonialer Gewalt.

Dieses 1958 erschienene Buch ist *der* postkoloniale Roman schlechthin und wird in vielen Schulen in ganz Afrika behandelt. In drei Teile gegliedert, beschreibt er Leben und Schicksal Okonkwos, eines wohlhabenden Mannes vom Stamm der Igbo im späten 19. Jahrhundert. Der erste Teil schildert über einen Zeitraum von drei Jahren das Alltagsleben der Igbo mit ihren Sitten, Traditionen, Gesetzen und ihrem Aberglauben. In seinem Clan verfügt Okonkwo über Macht und Einfluss, aber er ist getrieben von seiner Männlichkeit und hat Angst, schwach zu wirken. Sein hitziges Temperament hat er nicht immer im Griff, und nachdem er aus Versehen einen Mann getötet hat, wird er für sieben Jahre ins Exil geschickt, um für seinen Fehler zu büßen und die Götter zu besänftigen.

In den folgenden beiden Teilen geht es um Okonkwos Verbannung und seine schließliche Entlassung. Sie fällt in eine Zeit verstärkter Kolonialbestrebungen durch die Weltmächte der Weißen. Missionare kommen und beginnen, die Einheimischen zum Christentum zu bekehren. Nach seiner Rückkehr stellt Okonkwo fest, dass die Bewohner seines Dorfes auch Handelsbeziehungen und Schulbildung aufgedrückt bekommen. Die alten Sitten kollidieren mit den neuen Bestrebungen des Westens, was auf verschiedenen Ebenen zunehmend zu Konflikten führt. Okonkwo beobachtet dies in einer Mischung aus Wut und Verzweiflung.

Alles zerfällt ist ein zorniger und oft brutaler Roman, der zeigt, wie Traditionen und Kulturen im Namen von Fortschritt und Moderne durch den Kolonialismus zerstört werden. Die überheblichen britischen Missionare kommen in der Überzeugung, dass die Igbo »Primitive« seien, und halten es nicht für nötig, irgendein Verständnis für ihren Glauben und ihre Bräuche zu entwickeln. Achebe ist sich der Schwächen der Igbo-Gesellschaft – Gewalt und Aberglauben – bewusst, erkennt jedoch, dass ihre Zerstörung und Auslöschung die Identität und Kultur eines Volkes zerrüttet.

Schon gewusst?

Der Titel von *Alles zerfällt* (im Original: *Things Fall Apart*) stammt aus einem Vers des Gedichts »Die Wiederkunft« (»The Second Coming«) von W. B. Yeats, aus dem auch einige Verse dem Buch vorangestellt sind. Yeats schrieb das Gedicht 1919 nach dem Ersten Weltkrieg und zu Beginn des Bürgerkriegs in seiner irischen Heimat – daher der eindringliche apokalyptische Ton des Gedichts. Es steht auch im Zusammenhang mit der 1918/19 grassierenden Spanischen Grippe, der Yeats' Frau beinahe zum Opfer gefallen wäre.

RALPH ELLISON
DER UNSICHTBARE MANN

Worum es geht

Das harte Leben eines jungen Afroamerikaners mit College-Stipendium, der viel Pech und Unglück erlebt und in den Kampf gegen Rassismus und Unterdrückung verstrickt wird. Er büßt zunehmend seine Identität ein und empfindet sich der Gesellschaft gegenüber fremd und unsichtbar.

Die Erkenntnis daraus
Rassistisch ausgrenzende Gesellschaften bringen den Einzelnen um die Möglichkeit, zu wachsen und sich zu entwickeln, indem sie ihn seines individuellen Menschseins berauben.

Der unsichtbare Mann (1952) wurde zum Wendepunkt in der afroamerikanischen Literatur des 20. Jahrhunderts. Der Roman entfaltet sich in Form von Rückblicken eines namenlosen (»unsichtbaren«) Erzählers, der im wörtlichen wie übertragenen Sinn ganz im Verborgenen lebt.

Seine frühen Erinnerungen an sein Leben beschreiben einen klugen, ehrgeizigen, wenn auch naiven jungen Schwarzen aus den Südstaaten, der in einer von Weißen dominierten Welt voranzukommen versucht. Eine Reihe unseliger Schicksalswendungen sowie die Zwiespältigkeit und Ablehnung der Gesellschaft durchkreuzen sein Streben nach Anerkennung, woraufhin er sich der »Bruderschaft« anschließt, einer Protestorganisation von Afroamerikanern.

Identität ist ein zentrales Thema des Romans, insbesondere der Konflikt und die Spannung zwischen der Selbstwahrnehmung des Erzählers und der Person, die andere in ihm sehen: Wiederholt wird er mit jemand anderem verwechselt. Nachdem ihn auch die Gemeinschaft der Schwarzen ausgegrenzt hat, zieht sich der Erzähler völlig zurück, und nun macht er sich seine unsichtbare Identität ganz zu eigen und fühlt sich bereit, in die Gesellschaft zurückzukehren.

Unter den wichtigsten Autoren der afroamerikanischen

Literatur hat Ellison seinen Platz sicher, dennoch hatte er etwas dagegen, wenn man *Der unsichtbare Mann* rein als Protestroman las, und verwies auf die experimentellen Elemente im Buch. Als großer Bewunderer von Ernest Hemingway und William Faulkner wollte Ellison nicht in eine Schublade gesteckt werden, sondern Anerkennung in einem größeren literarischen Kontext. In seinem Roman finden sich zweifellos Anlehnungen an Faulkners Southern-Gothic-Stil, auch wenn er überwiegend in Harlem, New York spielt. Obwohl das Buch oft schonungslos hart ist, lassen sich auch tragikomische Momente und ein fast traumartiger Surrealismus darin finden, ungewöhnliche Stilmittel für die afroamerikanische Literatur jener Zeit.

Ein Fall von anhaltender Schreibblockade?

Der unsichtbare Mann fand großen Anklang am Verkaufstresen wie bei der Kritik und erhielt 1953 den renommierten National Book Award, womit Ellison der erste afroamerikanische Schriftsteller war, dem diese Ehre zuteilwurde. Bei der Entgegennahme des Preises verriet Ellison, dass er mit dem Buch noch nicht rundum zufrieden sei. Er war Perfektionist: Mehr als fünf Jahre schrieb er an *Der unsichtbare Mann*, danach setzte er sich an seinen Nachfolger. Im Verlauf von vier Jahrzehnten häufte er mehr als zweitausend Manuskriptseiten eines Romans mit dem Arbeitstitel *Juneteenth* an. Er wurde nie vollendet, mittendrin fielen auch noch wichtige Teile einem Brand zum Opfer. Nach Ellisons Tod 1994 erschienen dann zwei sehr unterschiedlich lange Editionen dieses Buchs.

KURT VONNEGUT
SCHLACHTHOF 5

Worum es geht
Ein Antikriegsroman über die Erlebnisse
des US-Soldaten Billy Pilgrim vor, im und nach
dem Zweiten Weltkrieg, der ihm eine posttraumatische
Belastungsstörung eingetragen hat.

Die Erkenntnis daraus
Was im Krieg an unvorstellbarem, sinnlosem Grauen
geschieht, negiert menschliche Willensfreiheit und alles,
was ethisch-philosophisch mit ihr einhergeht.

Das Buch *Schlachthof 5* (1969) umfasst nur etwas über zweihundert Seiten und ist doch viele Bücher gleichzeitig: Science-Fiction-Story, Quasi-Autobiografie, schwarzhumorige Satire, philosophisches Traktat über den Sinn des Lebens und Antikriegsroman. Der Hintergrund ist die vielfach kritisierte Bombardierung Dresdens durch alliierte Luftstreitkräfte im Februar 1945. Kurt Vonnegut war zu dieser Zeit als US-

Soldat Kriegsgefangener in Dresden und wurde so Zeuge dieses Gewaltakts, bei dem nach Schätzungen um die 25 000 Menschen, überwiegend Zivilisten, ums Leben kamen.

Der Roman beginnt mit den Worten: »Das ist alles passiert, mehr oder weniger«, wobei die Zweideutigkeit anzeigt, dass kein typisches Stück Erinnerungsliteratur folgt. Der Erzähler ist unzuverlässig und springt hin und her, er beschreibt sein Buch selbst als zwangsläufig »kurz und ungeordnet…, weil es über ein Massaker nichts Kluges zu sagen gibt«.

Nach jahrelang erfolglosen Versuchen, über Dresden zu schreiben, macht Vonnegut Billy Pilgrim zum Erzähler seiner eigenen Erinnerungen an den Krieg. Billy ist »von der Zeit losgelöst«, er kann somit in der Zeit voraus- und zurückreisen – zu dieser Fähigkeit ist er gelangt, weil er die Weltanschauung der außerirdischen Tralfamadorianer angenommen hat, die die vierte Dimension sehen können.

Für die Tralfamadorianer ist Zeit nichts Lineares; es gibt keine Vergangenheit, Gegenwart und Zukunft, sondern nur das, was ist, als ein gleichzeitiges Ganzes. Durch Billys Zeitreisen verläuft die Handlung in Rückblenden und Vorahnungen. Dieser nichtlineare Ansatz ermöglicht Vonnegut die Schilderung des Grauens, das sich ihm und Billy bot, als sie aus dem Schlachthaus traten, in dem sie während der Bombardierung gefangen gehalten wurden. Einige Kritiker haben angeregt, in den Zeitreisen eine Metapher für die posttraumatische Belastungsstörung zu sehen, unter der Billy (und damit auch Vonnegut selbst) leidet.

Schlachthof 5 ist ein außergewöhnliches Buch mit mehreren Ebenen, mal leicht und komisch, dann zornig und finster. Den Roman durchzieht ein tiefes Gefühl von verwirrter

Melancholie, sie zeigt sich an dem so hilflosen und unschuldigen Billy Pilgrim und den häufig wiederkehrenden Worten »So geht das«. Einleitend erzählt Vonnegut, wie er einem Filmproduzenten erzählt habe, dass er an einem Buch gegen den Krieg schreibe, woraufhin der abschätzig meinte, er könne genauso gut an einem »Buch gegen Gletscher« schreiben. Vonnegut weiß selbst, dass er mit seinem Roman Kriege genauso wenig aufhalten kann wie Gletscher, was nicht heißt, dass man nicht über das durch Krieg verursachte Grauen und menschliche Leid nachdenken sollte, um vielleicht etwas daraus zu lernen.

PRIMO LEVI
IST DAS EIN MENSCH?

Worum es geht
Autobiografischer Bericht eines jüdischen italienischen Kriegsgefangenen, der gegen Ende des Zweiten Weltkriegs im Konzentrationslager Auschwitz interniert war.

Die Erkenntnis daraus
Es bringt nichts, in unmenschlichen Situationen nach einem kleinen Rest Gutem zu suchen.
Um das Wesen des Menschen besser zu verstehen, müssen wir Zeugnis ablegen von seinen unmenschlichen Seiten.

Im Zweiten Weltkrieg war Primo Levi Mitglied der Resistenza, dem antifaschistischen Widerstand in Italien, als er von der faschistischen Miliz gefangen genommen und ins Konzentrationslager deportiert wurde. Mit eisiger Ironie erinnert sich Levi an ein Gefühl der Erleichterung, als er hörte, dass er nach Auschwitz geschickt wurde: Dieser Name »musste immerhin einem Ort dieser Erde angehören«, und er würde nicht sofort hingerichtet werden.

Ist das ein Mensch? (1947) ist ein romanhaft erzählter Bericht über die eigenen Erfahrungen im Lager. Emotionslos und im Detail schildert Levi die Gegebenheiten im Lager, die systematische Erniedrigung und die Prozesse fortschreitender Entmenschlichung, denen die Häftlinge ausgesetzt sind. Ein besonders beklemmender wie zugleich ergreifender Aspekt des Buches ist, mit welch ruhiger und sezierender Distanz Levi die Litanei des Grauens im Lager auflistet. Er macht deutlich, dass Begriffe wie »gut« und »böse«, »Verfolgung« und »Gerechtigkeit« innerhalb des mit Stacheldraht umzäunten Geländes völlig bedeutungslos werden.

Levi unterscheidet sinnbildlich zwischen den »Verlorenen« und den »Geretteten« in Auschwitz. Die »Verlorenen« waren Häftlinge, die, aller Mitmenschlichkeit beraubt, sehr schnell »hinabsanken« und durch Krankheit, willkürliche Hinrichtung oder Selektion für die Gaskammern umkamen. Die »Geretteten« existierten weiter, nicht unbedingt, weil sie willensstärker waren, sondern weil sie sich durch Gerissenheit, Rücksichtslosigkeit, Verrat oder Diebstahl kleine Vorteile (wie Extrarationen oder wärmere Kleidung) zu verschaffen wussten. Levi bemerkt, wie alle sittlich-ethischen Gebote im Lager im verzweifelten Kampf ums Überleben pervertiert wurden.

Ist das ein Mensch? ist trotz seines erschütternden Themas kein völlig bedrückendes Buch. Es gibt Momente der Hoffnung und Zuversicht, wenn die Häftlinge darum kämpfen, letzte Reste ihrer Menschlichkeit zu bewahren. In einer eindrucksvollen Passage kommen Levi einige Verse aus einer Dichtung von Dante in den Sinn, und er zermartert sein erschöpftes Gehirn, damit ihm noch mehr einfallen, wobei er philosophisch darüber sinniert, wie wesentlich Kunst und Kultur das Leben bereichern und wie seine Erinnerung an dieses Gedicht beweist, dass er immer noch ein Mensch ist. »Meine Suppe von heute gäbe ich drum«, fielen ihm bloß bestimmte Anschlussverse ein, trotz des unaufhörlichen Hungers.

MICHAIL BULGAKOW
DER MEISTER UND MARGARITA

Worum es geht
Als Zauberer verkleidet besucht der Teufel mitsamt
seinen Gehilfen das Moskau der 1930er-Jahre
und stiftet Chaos in einer Gesellschaft,
in der staatlich verordneter Atheismus und
die Unterdrückung von Religion jede
Glaubensausübung unmöglich gemacht haben.

Die Erkenntnis daraus
Gut und Böse können uneindeutige Begriffe sein.
Das eine existiert nicht ohne das andere.

Dieser Roman lässt sich keiner bestimmten Gattung zuordnen, auch wenn er wohl am ehesten ein Werk des magischen Realismus genannt werden kann. Im Mittelpunkt der Geschichte steht die theologisch grundierte Frage, was in einer Gesellschaft, in der Religion verboten ist, geschähe, würde sich der Teufel mit einem Mal auf die sichtbarste Weise zu erkennen geben. Dieser Einfall ermöglicht Bulgakow, weitere Stränge zu Themen wie Gut und Böse, Seelenheil und Erlösung, Glaubwürdigkeit und Kunstzensur sowie die erlösende Macht der Liebe einzuweben.

Geschrieben auf dem Höhepunkt der Stalin'schen Säuberungen, nimmt *Der Meister und Margarita* auch die in der Sowjetunion grassierende Gewalt und Korruption aufs Korn. Bulgakow war selbst ein Opfer staatlicher Zensur, und einmal bat er Stalin um die Erlaubnis, die UdSSR verlassen zu dürfen, da er unter solchen Bedingungen nicht als Schriftsteller arbeiten könne.

Die Handlung spielt abwechselnd im Moskau der 1930er-Jahre (der Zeit, in der Bulgakow dieses Buch schrieb) und in Jerusalem unter Pontius Pilatus, der Jesus von Nazareth verhaften lässt und zum Tod verurteilt. Die Pilatus-Abschnitte (die sich später als Teile eines Romans des im Irrenhaus sitzenden »Meisters« herausstellen) dienen Bulgakow für Erörterungen zur christlichen Theologie. Sie kontrastieren mit dem Chaos der Moskauer Abschnitte, in denen der Teufel, als Zauberkünstler Voland getarnt, aufdecken will, wie sehr die Sowjet-Gesellschaft von Habgier, Materialismus, Behördenwillkür und Korruption durchdrungen ist.

Geschickt macht der Roman die Uneindeutigkeit von Gut und Böse zum Thema, denn er beginnt mit etwas, das für den Leser wie ein Mord aussieht. Voland hat den Mord jedoch nicht selbst begangen – er wusste lediglich, dass er stattfinden würde –, und der Tod war in Wirklichkeit die Folge einer Verkettung verrückter Zufälle und Entscheidungen. In gleicher Weise ist das Unglück, das diversen anderen Figuren widerfährt, eine Folge ihrer Sündhaftigkeit und der von ihnen getroffenen Entscheidungen als Taten eines abstrakten »Bösen«.

Dieses Buch, eine schwindelerregend geistvolle, lustige Fabel, war in der UdSSR viele Jahre lang verboten, entwickelte jedoch ein Eigenleben im Untergrund; 1967, fast drei Jahrzehnte nach Bulgakows Tod, wurde es, wenn auch in zensierter Form, erstmals in einer sowjetischen Zeitschrift abgedruckt.

TONI MORRISON
MENSCHENKIND

Worum es geht
Die Geschichte einer leidgeprüften afroamerikanischen Familie, die von ihrem früheren Leben als Sklaven und einem dunklen Familiengeheimnis gequält wird.

Die Erkenntnis daraus

Wer traumatische Erfahrungen erlitten hat,
muss diese zunächst als solche erkennen und annehmen,
um in eine bessere Zukunft gelangen zu können.

Dieses Buch von 1987 erzählt davon, wie sehr sich die Nachwirkungen der Sklaverei auf die gequälten Seelen der Einzelnen wie auf die Gemeinschaft insgesamt legen und warum sie ein furchtbarer Schandfleck in der Geschichte Amerikas bleibt. Die Hauptfigur Sethe ist eine traumatisierte Frau und frühere Sklavin. Als Opfer von Vergewaltigung und Misshandlungen war sie mit ihren Kindern vor ihren Besitzern geflohen, sie wurde jedoch aufgespürt und musste mit einer Rückkehr in die Sklaverei rechnen. Um ihre Kinder »frei« zu sehen, beschloss sie, sie zu ermorden (und sich vermutlich selbst das Leben zu nehmen), letztlich gelang ihr jedoch nur die Tötung ihrer jüngsten Tochter. Das Haus, in dem Sethe, ihre andere Tochter und ihr Lebensgefährte nun Jahre später leben, wird vom Geist dieses Kindes heimgesucht, weshalb ihre beiden Söhne schon von ihrer Familie fortgelaufen sind.

Als die Familie eines Tages von einem Ausflug zurückkehrt, wartet ein seltsames junges Mädchen mit Namen Menschenkind auf sie. »Menschenkind« hatte Sethe als einziges Wort auf den Grabstein ihrer ermordeten Tochter meißeln lassen können, und man darf annehmen, dass dieses geheimnisvolle Mädchen vom Geist von Sethes totem Kind heimgesucht ist.

Menschenkind ist ein düsterer, schonungsloser Roman, der mit Elementen des magischen Realismus, des Übernatürlichen und der Schauerliteratur auf erschütternde Weise von den Schrecknissen der Sklaverei und dem schmerzhaften Weg zur Erlösung erzählt. Er basiert auf der wahren Geschichte Margaret Garners, einer entlaufenen Sklavin, die ihre Tochter tötete, damit sie nicht in die Sklaverei zurückmusste. Der Kindsmord steht symbolhaft dafür, dass Sklaverei keinerlei Raum für Hoffnung und Menschlichkeit lässt, doch das Erscheinen von Menschenkind zwingt die Hauptfiguren im Roman, sich mit ihrem Trauma zu befassen, um endlich in der Gegenwart leben zu können.

KEN KESEY
EINER FLOG ÜBER DAS KUCKUCKSNEST

Worum es geht
Ein Insasse einer psychiatrischen Anstalt erzählt die Geschichte des aufsässigen neuen »Patienten« Randle McMurphy, der die repressive Zwangsherrschaft der tyrannischen Oberschwester Ratched auf der Station zu untergraben versucht.

Die Erkenntnis daraus
In Gesellschaften, die Unangepasstheit und Abweichung stigmatisieren und Individualität und Freiheit unterbinden, sind Zwang und Unterdrückung an der Tagesordnung.

Eigene Erfahrungen als Nachtwache in einer psychiatrischen Anstalt in Kalifornien haben Ken Kesey zu diesem Roman angeregt, der 1962 erschien. Der Tagedieb und Betrüger Randle McMurphy täuscht eine Geisteskrankheit vor, um der Einweisung in eine Gefängnisfarm zu entgehen, da er annimmt, im Krankenhaus mit mehr Nachsicht behandelt zu werden. Schlecht für ihn: Die Station, auf die man ihn schickt, wird von der tyrannischen Oberschwester Ratched geleitet, und die führt ein Zwangsregime mit Hilfe von Psychoterror, Medikamenten, Elektroschocktherapie und einer perfiden Teile-und-herrsche-Strategie. Ihre Handlungen, wie sie der Erzähler »Chief« Bromden, ein Native American, schildert, betrachtet dieser als Teil eines umfassenderen Unterdrückungssystems, das er »das Kombinat« nennt – die Gesamtheit aller Maßnahmen einer Gesellschaft, durch die Individualität unterdrückt und Angepasstheit und Passivität gewährleistet werden.

McMurphy gerät bald in einen Machtkampf mit Schwester Ratched, zunächst, um eine Wette zu gewinnen und aufgrund seiner angeborenen Neigung zum Unruhestiften. Dann erfährt er, dass er – anders als bei einer zeitlich festgelegten Gefängnisstrafe – erst von der Station entlassen werden kann, wenn das Krankenhaus und damit auch Schwester Ratched beschließen, dass er von seiner psychischen Störung geheilt ist. Dies stellt McMurphy vor ein Dilemma: Gibt er vor, sich anzupassen, um seine Freiheit wiederzuerlangen, oder nimmt er als Galionsfigur der Rebellion ein gewisses Maß an Selbstaufopferung in Kauf, um seinen Mitpatienten, die durch seine Widerstandshandlungen inspiriert wurden, zur »Freiheit« zu verhelfen?

J. M. COETZEE
LEBEN UND ZEIT DES MICHAEL K.

Worum es geht
Während eines fiktiven Bürgerkriegs zur Zeit
der Apartheid in Südafrika begibt sich ein schweigsamer,
ungebildeter Gärtner auf eine beschwerliche Reise
zum Geburtsort seiner Mutter.

Die Erkenntnis daraus
Das Leben ist oft hart und voll äußerer Zwänge,
die sich nicht begreifen und steuern lassen;
deshalb ist man gut beraten, einfache Freuden zu schätzen,
über innere Stärke zu verfügen und die Welt
in ihren Erscheinungen zu achten.

Der einfache Gärtner Michael K. bricht auf, um seine sterbende Mutter an den Ort ihrer Geburt zurückzubringen. Sie stirbt unterwegs, doch Michael will die Reise unbedingt fortsetzen, damit zumindest ihre Asche heimkehrt. *Leben und Zeit des Michael K.* (1983) spielt vor dem Hintergrund eines fiktiven, blutigen Bürgerkriegs, dessen üble Folgen ihn immer wieder aufhalten, in ein Arbeitslager führen und ihm allerhand Entbehrungen eintragen.

Michael K. ist ein totaler Außenseiter. Sein innerer Antrieb ist simpel: Er will in stiller Würde und im Einklang mit der Welt und der Natur leben. Während Michael allerhand

Proben zu bestehen hat, erkundet J. M. Coetzee Themen wie persönliche Verantwortung und die in einem selbstbestimmten Leben liegende Freiheit. Manche haben dieses Buch mit Kafkas *Prozess* und seinem Protagonisten Josef K. verglichen. Beide Romane schildern einen einsamen Helden im Kampf mit einem System bedrückender Gewalt und korrupter Bürokratie. Ohne die erforderliche Genehmigung können Michael und seine Mutter nicht reisen, doch diese Genehmigung trifft nie ein und kann nicht erneut beantragt werden – dies ist nur ein Beispiel für ein Stück kafkaesker Absurdität.

Letztlich kommt Michael zu dem Schluss, dass seine Bestimmung im Leben ist, Gärtner zu sein, und dass er immer besonders zufrieden und im Einklang mit sich selbst lebte, wenn er dieser Arbeit nachging. Dies steht ganz im Einklang mit seiner Überzeugung: »Ein Mensch muss so leben, dass er keine Spuren seiner Existenz hinterlässt.«

GÜNTER GRASS
DIE BLECHTROMMEL

Worum es geht

Oskar, der als Kind beschloss, nicht mehr zu wachsen, erinnert sich in schelmenromanhafter Form an sein Leben während des Aufstiegs der Nazis, im Zweiten Weltkrieg und im Nachkriegsdeutschland.

Die Erkenntnis daraus

Ein groteskes Sittenbild über das Wesen von Schuld
und Verantwortung und eine heftige Kritik an
der Sinnlosigkeit von Kriegen, in denen das Überleben
oft mehr von Glück und den Umständen abhängt
als von Mut und Tapferkeit.

»Zugegeben: ich bin Insasse einer Heil- und Pflegeanstalt.« So beginnt *Die Blechtrommel,* und Oskar Matzerath, der Erzähler, gibt dem Leser listig zu verstehen, dass man nicht alles für bare Münze nehmen sollte, was er auf den nächsten gut 700 Seiten berichten wird. Oskar ist, wie er selbst zugibt, ein Bündel Widersprüche, der unzuverlässige Erzähler par excellence.

Dies ist ein Episodenroman, und jedes Kapitel wirkt wie eine makabre Erzählung, in der scheinbar banale Details eine unheilvolle Bedeutung erhalten. Günter Grass verwebt Elemente der Fantastik, des Schauermärchens, der Satire und des schwarzen Humors mit der realistischen Darstellung tatsächlicher historischer Ereignisse. Den Hintergrund von Oskars oft grausigen Geschichten bildet der schleichende Aufstieg des Nationalsozialismus in Deutschland, und Grass zeigt kunstfertig, wie ganz normale Menschen von einer kollektiven Hysterie erfasst und überwältigt wurden. Eine bittere Ironie durchzieht das Buch, während Grass kenntlich macht, wie vollständig die Deutschen im Dritten Reich ihre moralischen Wertmaßstäbe verloren. Diese Ironie verbirgt sich oft in beiläufigen Details und Figuren wie dem Trompeter Meyn, einem fröhlichen Trinker, der »ganz wunderschön Trompete blasen« konnte. Meyn schließt sich der SA an, tötet aber eines Tages in einem Anfall brutal seine vier geliebten Kater. Ein Nachbar meldet die Tat der Ortsgruppenleitung der SA, die Meyn wegen »unwürdigen Verhaltens« ausschließt (während Synagogen niederbrennen und Juden lynchen in Ordnung geht).

Die Blechtrommel ist ein außergewöhnliches Werk und in seiner Befassung mit den Themen Schuld und kollektive Verantwortung ein zutiefst ethischer Roman. Er erschien 1959, zu einer Zeit, als man sich in beiden deutschen Staaten noch mit der Aufarbeitung der eigenen Täterrolle schwertat, und enthält viele denkwürdige Momente, die lange nachhallen. Darüber hinaus ist er ein fantastisches Kunstwerk, das aus den Schrecken der Geschichte wilde Achterbahnfahrten der Einbildungskraft formt.

MARGARET ATWOOD
DER REPORT DER MAGD

Worum es geht

Dystopischer Roman über einen totalitären, quasi-religiösen Staat, in dem Männer die weibliche Zeugungsfähigkeit überwachen und die Ordnung aufrechterhalten, indem sie Frauen ihrer Freiheit und Identität berauben.

> Die Erkenntnis daraus
> Frauen beim Kindergebären zu kontrollieren,
> bedeutet, ihnen ein zentrales Stück Unabhängigkeit
> und ein elementares Recht vorzuenthalten.

Der Report der Magd (1985) entwirft eine dystopische Vision der USA als einer Gesellschaft, in der die Frauen brutal einer totalitären Theokratie unterworfen sind. Dieses rabiate Vorgehen wird aus der Perspektive der Erzählerin Desfred verfolgt, einer der wenigen noch gebärfähigen Frauen, »Mägde« genannt. Eine Magd hat als Ersatzmutter zu dienen und mit Angehörigen der herrschenden Elite, den »Kommandanten«, Kinder zu zeugen. Das Regime, die Republik Gilead, setzt religiösen Fanatismus zur Kontrolle und Unterdrückung der Bevölkerung ein. Desfred werden als Frau elementare Rechte verweigert, sie darf etwa kein Geld oder Eigentum besitzen, und im Gottesstaat geborene junge Frauen lernen weder lesen noch schreiben. Desfreds Geschichte wird über Ereignisse in der Gegenwart sowie Rückblenden zu ihrem Leben vor und während der »Revolution« erzählt.

Mit sorgsam gearbeiteten Details wie dem Farben-Code der Uniformen für die verschiedenen sozialen Schichten oder der den Alltag charakterisierenden Grußfloskel »Gesegnet sei …« zeichnet Atwood das Porträt einer Gesellschaft, die Religion als Waffe im Kampf um politische Macht einsetzt. Wie das grausige Leben in Gilead allmählich offenbart wird, ergibt einen spannenden Thriller mit fesselnder Handlung rund um die Themen Geschlecht, Identität, Religion und Macht.

Phantastik oder Science-Fiction?

Viele Stimmen haben *Der Report der Magd* als »feministisches *1984*« bezeichnet, und Margaret Atwood selbst hat bestätigt, dass ihr Roman George Orwell und Aldous Huxleys *Schöne neue Welt* zu verdanken ist. Atwood möchte ihren Roman (und dessen Fortsetzung *Die Zeuginnen*) jedoch nicht als Science-Fiction verstanden wissen, sondern bevorzugt den Begriff »Phantastik«. Zur Begründung sagte sie, dass der erste Begriff eine mögliche Zukunft prophezeit, während der zweite Begriff auf etwas zielt, das in unserer Gegenwart möglich ist.

Angeregt, den Roman zu schreiben, wurde Atwood von ihrer Besorgnis, durch den Aufstieg des erzkonservativen religiösen Fundamentalismus in den USA in den 1980er-Jahren könnten die Rechte der Frauen in Gefahr geraten.

JOSEPH CONRAD
HERZ DER FINSTERNIS

Worum es geht

Dieses klassische Werk über Kolonialismus und Wahnsinn erzählt die Geschichte des Dampfschiff-Kapitäns Charlie Marlow, der auf den Fluss Kongo geschickt wird, um den verschwundenen Elfenbeinhändler Mr Kurtz zu finden.

Die Erkenntnis daraus

Imperialismus gründet auf Gier, die keinen zivilisierenden Einfluss hat, sondern zum Verfall sittlicher Werte führt.

Herz der Finsternis (1899/1902) berichtet von Marlows Mission, den rätselhaften Mr Kurtz zu finden. Anfangs ist der Kapitän fasziniert von Kurtz, einem höchst erfolgreichen und offenbar angesehenen Händler von Elfenbein. Doch dann kommen ihm einander widersprechende Gerüchte über Kurtz und seine »Krankheit« zu Ohren. Als die beiden schließlich aufeinandertreffen, muss Marlow feststellen, dass Kurtz die Eingeborenen eines abgelegenen Dorfes versklavt und sich zu ihrem tyrannischen Herrscher aufgeschwungen hat.

Conrad entwirft einen starken Kontrast zwischen der vermeintlich zivilisierten Gesellschaft Europas und dem scheinbar dunklen, wilden Kontinent Afrika. Seine zentrale Botschaft ist jedoch, dass unabhängig von »Rasse« oder Herkunft jeder korrumpiert und zu einem Barbaren werden kann. Kaum sind einige weiße Kolonialisten in Afrika eingetroffen, lösen sie sich von den vertrauten Werten und Verhaltensregeln, verlieren ihren moralischen Kompass und werden um der Macht und des Profits willen zu Bestien. An einer Stelle klagt Marlow: »Die Eroberung von Land, was meist bedeutet, es Leuten wegzunehmen, die eine andere Hautfarbe oder flachere Nasen haben als wir selbst, diese Eroberung ist, allzu gründlich betrachtet, keine besonders schöne Sache.«

Herz der Finsternis zeigt das Missverhältnis zwischen dem europäischen Fantasiebild, den »Eingeborenen« die Zivilisation zu bringen, und der Realität, dass man die Völker Afrikas quält, ausbeutet und demütigt. Die Gier nach Reichtum und Macht führt hinab in die Finsternis des Bösen im Menschen.

JOSEPH HELLER
CATCH-22

Worum es geht
Ein düster-komischer Roman über die Absurdität
des Krieges, erzählt anhand der Misserfolge eines
US-Bomberschützen und seiner Kameraden bei ihren
verzweifelten Versuchen, riskanten Einsätzen zu entgehen.

Die Erkenntnis daraus
Ein gesunder Mensch antwortet mit Wahnsinn
auf eine wahnsinnige Welt.

Dieser 1961 erschienene Roman erzählt die Geschichte einer Gruppe Männer der US-Luftwaffe, die im Zweiten Weltkrieg auf einer Insel vor der Küste Italiens stationiert sind. Yossarian, die Hauptfigur, hat berechnet, dass die Wahrscheinlichkeit, im Kampf getötet zu werden, im Verhältnis zur Anzahl der Einsätze steigt. Die erforderliche Anzahl von Flügen, um entlassen und nach Hause geschickt zu werden, hat er schon erreicht, nur leider heben die Kommandanten des Geschwaders die Schwelle willkürlich immer weiter an.

Verzweifelt bittet Yossarian den Truppenarzt, ihn wegen Verrücktheit aus dem Dienst zu entlassen; der weist ihn jedoch nur auf einen Zirkelschluss hin, dem er unterlegen ist: Flieger können aus dem Dienst entlassen werden, wenn sie für verrückt erklärt werden; da jedoch nur ein Verrückter Bombeneinsätze fliegen würde, ist die Bitte, wegen Verrücktheit entlassen zu werden, die Handlung eines klaren Verstandes und beweist seine Gesundheit und Eignung für den Dienst. Dies ist die Regel »Catch-22«. Yossarian erläutert dies mit Blick auf seinen Kameraden Orr, einen Piloten, der mit seinem Flugzeug immer wieder absichtlich notwassert: »Orr wäre verrückt, würde er weiter Einsätze fliegen, und bei klarem Verstand, täte er es nicht, aber wenn er gesund war, musste er sie fliegen. Flog er sie, war er verrückt und musste es nicht tun, aber wenn er es nicht wollte, war er bei klarem Verstand und musste es tun.«

Solche Prozesse zirkulärer Logik und sich selbst widersprechender Schlussfolgerung ziehen sich durch den gesamten Roman – mit komischer Wirkung. Catch-22 ist eine Bürokraten-Regel von äußerster Irrationalität, auf die man sich beruft, um Schandtaten einiger Figuren zu entschuldigen. Einer kommt vors Kriegsgericht, um festzustellen, dass der, der ihn anklagt, auch für seine Verteidigung zuständig ist. In einem anderen Fall vereinbart der Superkapitalist Milo Minderbinder ein Geschäft mit den Deutschen zur Bombardierung des amerikanischen Fliegerhorsts, mit der Begründung, dies würde ohnehin passieren, da könne er wenigstens noch Profit daraus schlagen.

Die Geschichten, Figuren und Ereignisse folgen keiner Chronologie und werden oft aus diversen Perspektiven erzählt, wobei sich Heller der Stilmittel Wiederholung und

Widerspruch bedient, um ein immer detaillierteres Bild vom hellen Wahnsinn des Krieges und der teuflischen Absurdität des Militärapparats zu zeichnen.

AYI KWEI ARMAH
DIE SCHÖNEN SIND NOCH NICHT GEBOREN

Worum es geht
Ein Mann ringt angesichts von Korruption und
Sittenverfall im postkolonialen Ghana
um Wahrung seine ethischen Grundsätze.

Die Erkenntnis daraus
Moralischer Anstand und Ehrlichkeit müssen auch gelten,
wo es an Geld und materiellen Grundlagen fehlt, denn
zivilisierte Gesellschaften gründen auf genau diesen Werten.

Dieser 1968 erschienene Roman spielt Mitte der 1960er-Jahre in Ghana, in den Monaten vor dem Staatsstreich, durch den Kwame Nkrumah, der erste gewählte Präsident Ghanas nach der Befreiung von der britischen Kolonialherrschaft, gestürzt wurde. Sein Protagonist, stets nur »der Mann« genannt, ist ein Eisenbahnbeamter, der angesichts einer von allgegenwärtiger Gier und Korruption verdorbenen Gesellschaft mit seinem Gewissen und Verantwortungsgefühl und um seinen Glauben ringt. Zu Beginn lehnt der Mann bei der Arbeit ein Bestechungsgeld ab, daraufhin schimpft seine Frau mit ihm, dass er seine Grundsätze über seine Verantwortung gegenüber der Familie stellt.

Nach einem Abendessen mit Koomson, einem ehemaligen Schulfreund, der jetzt Minister in Nkrumahs korrupter Regierung ist, wird dem Mann angeboten, Profit aus einem unseriösen Deal rund um ein Fischerboot zu schlagen. Der Mann sieht den krassen Gegensatz, dass sein Freund üppig lebt, über jeden modernen Luxus verfügt und ihn noch durch die Weigerung beschämt, seine Latrine zu benutzen, während er seine eigene Familie nur mit Mühe halbwegs zu versorgen weiß, und das plagt ihn mit Gefühlen der Schuld und Scham.

Ayi Kwei Armah spickt sein Buch mit Abfall- und Verwesungssymbolik, oft aus dem Bereich menschlicher Exkremente. Der Mann scheint unentwegt von Schmutz, Schimmel, morschem Holz, fettverschmierten Wänden und Ausscheidungen umgeben zu sein. Zu Beginn des Romans schläft der Mann in einem Bus ein und lässt Speichel auf den Sitz rinnen; der Schaffner schmeißt ihn raus und der Busfahrer spuckt ihn an. Diese Betonung alles Fäkalen und Schmutzigen wirkt wie ein mächtiges Symbol für den fauligen, korrupten Kern von Nkrumahs Regime.

Die Schönen sind noch nicht geboren ist eine Mahnung, wie aus Unterdrückung befreite Gesellschaften ihre neue Freiheit rasch verspielen, wenn sie sich zu Gier und Korruption verleiten lassen. Allen düsteren Aussichten zum Trotz sieht der Mann am Ende den Titel des Romans als Parole seitlich auf einen Bus gesprüht und hat das Gefühl, dass es jetzt nach dem Sturz der Regierung vielleicht doch noch etwas Hoffnung für die Zukunft gibt.

JAROSLAV HAŠEK
DER BRAVE SOLDAT SCHWEJK

Worum es geht

Satirischer Episodenroman über die Beschwerlichkeiten
eines etwas einfältigen, doch listigen Soldaten,
der im Ersten Weltkrieg zur österreichisch-ungarischen
Armee eingezogen wird.

Die Erkenntnis daraus

Krieg ist dumm und sinnlos; die katholische Kirche kann
scheinheilig, die Militärbürokratie lächerlich sein.

Jaroslav Hašek wollte diesen Roman in sechs Bänden schreiben. Doch der als Hedonist und Trinker berüchtigte tschechische Schriftsteller starb 1923, im Jahr des Erscheinens von Band vier, im Alter von 39 Jahren plötzlich an einem Herzinfarkt. Zum *Braven Soldat Schwejk* inspiriert wurde er durch seine eigenen Erfahrungen als Soldat an der Ostfront im Ersten Weltkrieg.

Den Kern des Romans bildet ein zutiefst ironischer Widerspruch. Viele Tschechen im Habsburgerreich hegten eine große Abneigung gegen die österreichische Herrschaft und betrachteten Österreicher und Ungarn als Feinde und Unterdrücker. Diese Situation verschärfte sich im Ersten Weltkrieg noch, als Tschechen in die Armee der K.-u.-k.-Monarchie eingezogen und gezwungen wurden, für ihren Feind in einem Krieg zu kämpfen, den sie nicht begonnen hatten, nicht wollten und dessen Sinn sich ihnen nicht erschloss. Hašek persifliert diese absurde Situation, indem seine Figur Schwejk ganz begeistert davon ist, im Krieg zu kämpfen, und sich freiwillig meldet, obwohl er zuvor aus der Armee entlassen worden war, weil man ihn für »zu blöd« hielt.

Der Roman ist voller lustiger Episoden rund um die Inkompetenz des Militärs, und Schwejk schafft es mit seiner täppischen Art, den Militärbehörden ein Dorn im Auge zu sein und gleichzeitig den fröhlichen Trottel zu geben. Es bleibt dem Leser überlassen zu entscheiden, ob Schwejk wirklich ein Schwachkopf ist oder aber eine sorgsam durchdachte Zermürbungsstrategie fährt, indem er Blödheit nur vortäuscht – ein unvergleichlicher Akt passiven Widerstands. Dieser höchst komische Roman gilt als frühe Antikriegssatire, Joseph Heller bekannte, dass Hašeks Meisterwerk großen Einfluss auf seinen Antikriegsroman *Catch-22* gehabt habe.

ÉMILE ZOLA
GERMINAL

Worum es geht

Ein Mann wird im Norden Frankreichs als Bergarbeiter tätig und erlebt unmenschliche Arbeitsbedingungen. Dadurch veranlasst, führt er eine Arbeiterrevolte an, die in ein Unglück mündet.

Die Erkenntnis daraus
Hoffnung, Durchhaltevermögen und Solidarität sind wichtige Kräfte des Widerstands in jedem Kampf gegen systematische Unterdrückung und Ausbeutung.

Dies ist das dreizehnte Buch in Émile Zolas ausufernder Serie von zwanzig Romanen, die gemeinsam als *Les Rougon-Macquart* bekannt sind und die Geschichte zweier Familien im Frankreich des 19. Jahrhunderts erzählen. *Germinal,* erschienen 1885, schildert die Kämpfe von Étienne Lantier, einem idealistischen jungen Mann, der in den 1880er-Jahren in einer Kleinstadt eine Stelle als Bergarbeiter annimmt. Étienne ist entsetzt über die Bedingungen, unter denen die Bergleute leben und arbeiten müssen. Er lernt Suwarin kennen, einen russischen Anarchisten und Polit-Agitator, der von Revolution redet und Étienne mit den Grundlagen des Sozialismus bekannt macht.

Étienne scheint die hitzköpfige Leidenschaftlichkeit geerbt zu haben, die viele Angehörige der Familie Macquart auszeichnet (genetische Merkmale spielen in Zolas Romanzyklus immer wieder eine Rolle). Als sich die Bedingungen für die Bergleute weiter verschlechtern und die Grubengesellschaft immer miesere Methoden findet, um ihnen den Lohn zu kürzen, stachelt Étienne die Bergleute zu einem Streik an, der eskaliert – mit verheerenden Folgen.

Geschickt kontrastiert Zola die Armut und Entbehrungen der Bergarbeiter mit dem Reichtum der Kapitalisten und zeichnet ein anschauliches Porträt vom Überlebenskampf der wie Sklaven dahinvegetierenden Bergleute. *Germinal* gilt weithin als Zolas bestes Werk und erregte bei seinem Erscheinen großes Aufsehen. Obwohl der Aufstand der Bergarbeiter letztlich erfolglos ist, schließt Zola den Roman mit einer Botschaft der Hoffnung auf künftige Veränderungen, die vielfach und weltweit im Dienst der sozialistischen Sache zitiert wurde:

> *»Die Kameraden hieben heftig drauflos, immer vernehmlicher, als ob sie sich dem Erdboden näherten. Von diesem Getöse war die Landschaft erfüllt, die im Sonnenglanz des Frühlingsmorgens dalag. Menschen drangen zur Oberfläche, eine schwarze Armee von Rächern, langsam aus den Furchen hervorwachsend. Anschwellen würde dies Heer im Laufe der Jahrhunderte, und bald würde unter seinem Schritt die Erde erbeben.«*

Schon gewusst?

Nach dem Erscheinen von *Germinal* sah sich Zola Angriffen von beiden Enden des politischen Spektrums ausgesetzt. Die Konservativen warfen ihm vor, er habe die Lage der Bergarbeiter übertrieben dargestellt. Sozialisten wiederum kritisierten die Darstellung der Arbeiterklasse als herablassend und derb. Zola ging vehement gegen diese Vorwürfe an und verwies auf seine umfangreichen Recherchen. Er hatte die Gegend, in der der Roman spielt, häufig besucht, Gespräche mit Bergleuten geführt und sich Zugang zu den Minen verschafft, um die Arbeitsbedingungen mit eigenen Augen zu sehen. Bei einem seiner Besuche wurde Zola auch Zeuge eines Aufstands der streikenden Bergleute, was er zu einem der dramatischsten Momente im Roman verarbeitete.

THOMAS PYNCHON
DIE ENDEN DER PARABEL

Worum es geht

Ausschweifender satirischer Science-Fiction-Roman über die Entwicklung der Raketentechnik gegen Ende des Zweiten Weltkriegs und deren Auswirkungen.

Die Erkenntnis daraus

Der verderbliche Einfluss politischer Macht auf den technologischen Fortschritt kann für die Menschheit ernste Folgen haben.

Dieser Roman aus dem Jahr 1973 hat mehrere Handlungsstränge mit Wechseln in der Erzählstimme, die allmählich in der Entwicklung einer berühmt-berüchtigten deutschen Rakete gegen Ende des Zweiten Weltkriegs zusammenlaufen. Am ehesten als Hauptfigur gelten kann Tyrone Slothrop, ein unglückseliger Mitarbeiter des US-Geheimdienstes, der entdeckt, dass er beim Herannahen deutscher V2-Raketen auf London regelmäßig Erektionen bekommt.

Für Pynchon stellen der Einsatz von Technologie und die zunehmende Verflechtung von Militär, Wirtschaft und politischen Eliten zu einem »militärisch-industriellen Komplex« nach dem Zweiten Weltkrieg eine klare Bedrohung für die Zukunft der Menschheit dar. Er kombiniert historische Fakten, Wissenschaft, Verschwörungstheorien, Populärkultur und einen merklich schlichten Humor, um die Absurdität des Wettrüstens aufs Korn zu nehmen. Auch um Geisteskrankheit und Paranoia geht es in diesem Roman. Die zunehmend unzuverlässigen Erzähler machen es schwierig zu bestimmen, wie viel vom Beschriebenen tatsächlich passiert und wie viel ein Produkt von Psychose und Wahnvorstellungen ist. Paranoia war bekanntlich die Grundlage für den Rüstungswettlauf der Nachkriegszeit und befeuerte die fieberhafte Gier nach immer größeren und verheerenderen Waffen.

Der Roman beginnt mit einem Zitat aus einer Schrift von Wernher von Braun, dem Raketenforscher der Nazis und Mitentwickler der V2-Rakete, der nach dem Krieg vom amerikanischen Geheimdienst angeworben wurde und für die NASA arbeitete. Mit Verweis darauf, dass die Dinosaurier ausstarben, während Teile ihres Ökosystems überlebten und neu aufblühten, schrieb von Braun: »Auslöschung kennt die Natur nicht; sie kennt nur die Verwandlung.« Pynchon scheint nahelegen zu wollen, dass Raketenforscher und der militärisch-industrielle Komplex diese ernüchternde Haltung gegenüber der Vernichtung des Menschen teilen.

ALDOUS HUXLEY
SCHÖNE NEUE WELT

Worum es geht

Dystopischer Roman, der in einem technokratischen »Weltstaat« der Zukunft spielt, wo die jeweilige Ausprägung einer Persönlichkeit schon vor der Geburt festgelegt wird, denn die Menschen werden je nach ihrem Nutzwert für eine bestimmte Kaste zurechtgezüchtet.

Die Erkenntnis daraus

Dem Staat die Kontrolle über neue Technologien zu überlassen, insbesondere die Gentechnik, birgt Gefahren. Kapitalismus und Industrialisierung können Individualität unterbinden und die menschliche Kultur aushöhlen.

In der »schönen neuen Welt« dieses Romans von 1932 wird die soziale Ordnung durch Anwendung technologischer Kontrollverfahren aufrechterhalten. Die Menschen werden schon im Embryonalstatus als bestimmte Typen angelegt (Alpha, Beta, Gamma, Delta oder Epsilon), um unterschiedliche Rollen in der Gesellschaft zu erfüllen, und sind neurologisch darauf programmiert, ihre Aufgaben und ihren Rang unhinterfragt anzunehmen. Durch eine narkotische Substanz namens Soma, die künstliche Empfindungen von Frieden und Glück hervorruft, wird die Bevölkerung in einem Zustand ständiger Passivität gehalten.

Die Handlung dreht sich um den Psychologen Bernard, einen desillusionierten Angehörigen der Alpha-Gruppe, der dem Weltstaat mit seiner strikten sozialen Kontrolle kritisch gegenübersteht. Im Urlaub besuchen Bernard und seine Freundin Lenina ein Reservat von »Wilden« außerhalb des Weltstaates und werden Zeugen von Dingen, die in ihrer Gesellschaft längst ausgerottet oder unterdrückt wurden, wie natürliche Geburt, Religion, Riten und Krankheiten. Dort treffen sie auf Linda, die aus dem Weltenstaat stammt, doch im Reservat ausgesetzt wurde, nachdem sie unerlaubt schwanger geworden war. Linda hat einen erwachsenen Sohn John, der außerhalb des Weltstaates geboren wurde und deshalb keine neurologische Kodierung und soziale Zurichtung durchlaufen hat, sodass er über unverstellte Gefühle und Instinkte verfügt. Bernard nimmt Linda und John mit zurück in den Weltstaat, wo der »natürliche Wilde« John die Gemüter erregt und zu einer Art Berühmtheit wird. Es kommt zum Widerstreit zwischen Johns urwüchsigen Gedanken, Gefühlen und Leidenschaften und den seelen- und gefühllosen Werten der Gesellschaft, in die er verpflanzt wurde.

Huxleys Roman lieferte eine Blaupause für spätere dystopische Romane (siehe *1984* und *Der Report der Magd*). Seine ethischen Bedenken gegenüber der Biotechnologie haben seit den 1930er-Jahren ganz gewiss nichts an Bedeutung und Aktualität eingebüßt.

ALICE WALKER
DIE FARBE LILA

Worum es geht

Die Geschichte einer jungen Afroamerikanerin,
die sehr viel Entbehrung und Missbrauch erfährt,
doch auf ihrem langen Weg zu einer eigenständigen
Existenz an Zutrauen und Stärke gewinnt.

Die Erkenntnis daraus

Glaube und Stehvermögen können dabei helfen,
aus Widrigkeiten Kraft zu ziehen. Liebe und Freundschaft
geben den Menschen in schweren Zeiten Halt, und alte
Versehrungen lassen sich durch Vergebung überwinden.

Dieser Briefroman erzählt die tragische Geschichte von Celie, die seit ihrem vierzehnten Lebensjahr Briefe an Gott schreibt, in denen sie von ihrem Leben und ihrer Verwandtschaft berichtet. Sie hat zwei Kinder zur Welt gebracht, nachdem sie von ihrem Vater vergewaltigt wurde, danach drängte man sie in eine Ehe mit einem Mann, der sie ebenfalls schlecht behandelt, und so leidet Celie unter ihrem Trauma und der Einsamkeit. Zuflucht bietet ihr allein die liebevolle Beziehung zu ihrer jüngeren Schwester Nettie. Doch Nettie geht zu Missionaren nach Afrika und lässt Celie noch vereinsamter zurück. Als Shug Avery, eine charismatische Bluessängerin (und Geliebte von Celies Ehemann), zur Hausgemeinschaft stößt, erfährt sich

Celie in ihrer Sexualität ganz neu, und dies führt sie auf einen Weg in Richtung Selbstfindung und Freiheit. Neben dem, was Celie erzählt, gibt es Briefe von Nettie, die Celies Mann vor ihr versteckt hat und in denen sie von ihrem Leben in Afrika berichtet.

Die Farbe Lila verwebt Themen wie Rassismus, Sexismus, Religion, Geschlechterrollen, Macht und Identität zu einer facettenreichen Geschichte über Freundschaft unter Frauen, Liebe und Zusammenhalt. Ein Jahr nach seinem Erscheinen wurde dem Roman 1983 der Pulitzer-Preis für Belletristik zuerkannt. Alice Walker war die erste schwarze Frau, die diese Auszeichnung erhielt. Der Roman wurde unter der Regie von Steven Spielberg verfilmt und bildete auch die Grundlage für ein erfolgreiches Broadway-Musical.

JORGE LUIS BORGES
DIE LOTTERIE IN BABYLON

Worum es geht
Dystopische Erzählung aus einem mythischen Land Babylon; es wird seit Jahrhunderten von einem Lotteriesystem gelenkt, das eine nebulöse »Gesellschaft« verwaltet.

Die Erkenntnis daraus
Totalitäre Regime kontrollieren jeden Einzelnen und halten ihn nieder. In Fragen des menschlichen Handelns spielt der Zufall eine bedeutende Rolle.

Diese Erzählung des argentinischen Schriftstellers Jorge Luis Borges erschien 1941 als Teil der Sammlung *Der Garten der Pfade, die sich verzweigen* (später erweitert zur Sammlung *Fiktionen*). Sie beschreibt ein fiktives Land mit Namen Babylon, in dem eine Lotterie einen unheilvollen, beherrschenden Einfluss auf die Bevölkerung hat.

Ursprünglich war die Lotterie ein einfaches tombola-artiges System, das einen Geldgewinn in Aussicht stellte. Mit der Zeit jedoch übte die Lotterie mehr und mehr Kontrolle über das Leben der Menschen aus. Bald gab es zwar weiterhin Geld oder auch persönliche Vorteile für Siegerlose, doch die unergründliche »Gesellschaft«, die die Lotterie verwaltete, führte nun auch »Unglückslose« ein und damit Bußgelder und Körperstrafen für jene, die sie zogen. Schließlich wurde die Teilnahme an der Lotterie für alle verpflichtend (eine kleine Elite ausgenommen), in der Folge hing jeder Aspekt individueller Freiheit davon ab, was für ein Los man zog, wurde also zu einer reinen Zufallssache.

In *Die Lotterie in Babylon* verbindet Borges mit großer Könnerschaft Fantasy, Satire und magischen Realismus zu einer Geschichte, die vor staatlich forcierten Eingriffen in das Leben der Menschen warnt, mögen sie auch noch so gutartig erscheinen.

4. KAPITEL

PSYCHOLOGIE UND PERSÖNLICHKEIT

In diesem Kapitel geht es um das, was sich psychologische Romane nennen ließe, um Werke der Belletristik also, in denen die Gedanken, Gefühle, Veranlagungen und Beweggründe der Figuren im Vordergrund stehen und erkundet wird, wie diese das äußere Geschehen beeinflussen. Oft heißt es, der psychologische Roman sei im 20. Jahrhundert aufgekommen, als Schriftsteller wie James Joyce, Joseph Conrad oder Virginia Woolf mit literarischen Ansätzen und Kunstgriffen wie innerer Monolog, Bewusstseinsstrom oder wechselnden Erzählerstimmen und Perspektiven zu experimentieren begannen. Arbeiten von Psychoanalytikern wie Sigmund Freud und C. G. Jung beeinflussten diese Autoren bei ihrer Suche nach neuen Wegen, Erfahrungen der Menschen in Literatur umzusetzen.

Psychologische Perspektiven in der Belletristik lassen sich jedoch deutlich weiter zurückverfolgen. Frühe englische Romane wie Samuel Richardsons *Pamela* (1740) und Laurence Sternes *Tristram Shandy* (1759) bedienten sich literarischer Techniken zur Erkundung der Gedanken und Gefühle ihrer Protagonisten. In Sternes Roman sehen viele den vielleicht ersten Fall von *stream of conciousness* in der Literatur. Zu weiteren Schriftstellern mit großem Einfluss auf den psychologischen Roman der Moderne zählen Fjodor M. Dostojewski und Knut Hamsun, die sich besonders mit dem Bewusstsein der Menschen und ihrer Persönlichkeit befassten.

MIGUEL DE CERVANTES
DON QUIJOTE

Worum es geht

Klassiker aus dem frühen 17. Jahrhundert über Pleiten,
Pech und Pannen eines verwirrten Mannes
aus dem spanischen Landadel, der meint,
er sei ein fahrender Ritter auf seiner Mission,
Unrecht zu bekämpfen und ritterliche Tugenden
wiederaufleben zu lassen.

Die Erkenntnis daraus

Das Leben ist eine Herausforderung, und wer das Gute
im Menschen befördern will, sollte gestaltend ins Leben
eingreifen und nicht einfach alles so hinnehmen.

Der sinnreiche Junker Don Quijote von La Mancha (so der vollständige Titel) erschien in zwei Teilen 1605 und 1615 und gilt vielen als der erste moderne europäische Roman. Dafür gibt es viele Gründe, insbesondere Cervantes' bahnbrechende Anwendung zahlreicher literarischer Gestaltungsmittel, die vier Jahrhunderte hindurch Generationen von Schriftstellern beeinflussen sollten. Die Rahmenhandlung dreht sich um Alonso Quijano, einen ältlichen Kleinadligen und Bücherwurm, dem Ritterromane so sehr den Kopf verdreht haben, dass er sich selbst für einen »fahrenden Ritter« mit entsprechender Mission hält. Er ändert seinen Namen in Don Quijote und macht sich auf den Weg, um seine Fantasien auszuleben.

Aus dem Ansatz des »tollen« Ritters auf Abenteuerfahrt ergeben sich zahlreiche Geschichten über die Suche des Helden und die Menschen, denen er unterwegs begegnet. Wie erwähnt, entwickelt Cervantes viele für seine Zeit neue literarische Gestaltungsmittel wie den unzuverlässigen Erzähler, Perspektivwechsel, Abschweifungen und Binnengeschichten. Der tragische »Witz« besteht natürlich darin, dass niemand sonst Quijano für edel und ritterlich hält; von seinem »Knappen« Sancho Pansa abgesehen, machen sich sämtliche Leute, denen er begegnet, über ihn lustig und nutzen ihn auf übelste Weise aus.

Der Roman *Don Quijote* geht vielen Themen nach, von der Schwelle zwischen Fantasie und Wirklichkeit, Vernunft und Wahnsinn über die Klassenstruktur im Europa des Mittelalters bis hin zu Fragen der Identität und der Selbstermächtigung, um nur einige zu nennen. Es ist unmöglich, sich selbst nicht in Don Quijotes Streben wiederzufinden, »den unmöglichen Traum zu träumen«, wie es in einem Lied des Musicals *Der Mann von La Mancha* heißt.

Schon gewusst?

Miguel de Cervantes war ein leidgeprüfter Soldat der spanischen Krone und kämpfte für sein Land gegen das Osmanische Reich. 1575 wurden er und sein Bruder Rodrigo gefangen genommen, dann wurde ein Lösegeld für ihre Freilassung gefordert. Cervantes' Familie konnte nur das Geld für einen Bruder aufbringen und entschied sich für die Freilassung Rodrigos, sodass Miguel fünf Jahre lang in Gefangenschaft bleiben musste. In dem als »Die Geschichte des Sklaven« bekannten Abschnitt des *Don Quijote* wird beiläufig ein spanischer Soldat erwähnt, »ein gewisser de Saavedra«. Cervantes' vollständiger Name lautete Miguel de Cervantes Saavedra, dies ist also eines von vielen Beispielen, in denen der Autor sich in seine eigene Erzählung mogelt.

GRAHAM GREENE
DAS HERZ ALLER DINGE

Worum es geht

Ein verheirateter britischer Polizeibeamter im kolonialen Westafrika beginnt mit einer jungen Frau eine Affäre, die ihn in eine moralische Zwangslage bringt und nicht mit seinem Glauben zu vereinbaren ist, und so gerät sein Leben aus den Fugen.

Die Erkenntnis daraus

Inwieweit ist jemand für das Glück der anderen
verantwortlich? Wo liegen, wenn man in
einen schweren ethischen Konflikt mit sich gerät,
die Grenzen des christlichen Glaubens?

Dieser Roman aus dem Jahr 1948 erzählt die Geschichte von Henry Scobie, zur Zeit des Zweiten Weltkriegs Polizeibeamter in einer westafrikanischen Hafenstadt. Scobie, gläubiger Katholik und gefangen in einer Ehe ohne Liebe, wird von Schuldgefühlen geplagt, weil seine Frau unglücklich ist und ihr einziges Kind etliche Jahre zuvor starb. Seine Frau Louise möchte sich in Südafrika erholen, und da er erneut bei der Beförderung übergangen wurde, muss Scobie, um ihre Überfahrt bezahlen zu können, einen Kredit bei einem Schwarzhändler vor Ort aufnehmen. Dann lernt er eine junge, traumatisierte Witwe kennen und beginnt eine leidenschaftliche Affäre mit ihr – was eine Kette von Ereignissen in Gang setzt, die zur Tragödie führen.

Wie in vielen Romanen von Graham Greene ist der Katholizismus hier ein zentrales Thema. Das ganze Buch hindurch wird die katholische Theologie erörtert, während Scobie eine Reihe emotional aufgeladener innerer Konflikte durchlebt und mit Fragen von Schuld, Erbarmen, Verdammnis und Erlösung ringt.

Das Herz aller Dinge ist ein klaustrophobischer Roman, sein trostloser Schauplatz steht als Kulisse sinnbildlich für die Kernthemen des Buchs. Immer wieder wird das drückende und bedrückende Klima beschrieben, die schwüle Hitze und die Luftfeuchtigkeit lassen bereits erahnen, in welche Feuer der Verdammnis Scobie hinabsteigen muss. Am Ende wird Scobie seiner besten Absichten zum Trotz von der Sünde des Hochmuts und der Bürde des Mitleids eingeholt: »Später schien es Scobie, dass dies die äußerste Grenze war, die er in Sachen Glück erreicht hatte: in der Dunkelheit zu sein, allein, während der Regen fiel, ohne Liebe oder Erbarmen.«

IWAN GONTSCHAROW
OBLOMOW

Worum es geht

Russischer Roman aus dem 19. Jahrhundert
über einen Adligen, der krankhaft unfähig ist,
Entscheidungen zu treffen,
und lieber ein Leben in Trägheit führt.

Die Erkenntnis daraus

Kein moralischer Imperativ zwingt einen,
es anderen gleichzutun. Das Leben besteht aus
vielen scheinbar wichtigen Entscheidungen und
Handlungen, die jede für sich betrachtet
läppisch und bedeutungslos sind.

Der titelgebende Held dieses Romans von 1859 ist das Paradebeispiel des »überflüssigen Menschen«, einer zentralen Gestalt der russischen Literatur (siehe auch *Ein Held unserer Zeit*). Der reiche und gebildete russische Aristokrat Ilja Iljitsch Oblomow verbringt seine Tage im Bett oder im Sessel und mokiert sich über die Zumutungen des Alltags. Die geringste Störung in seinem aus nichts als Faulenzen und Schlafen bestehenden Dasein bringt ihn in tiefe Bedrängnis. Bei jedem aufkommenden Problem hofft Oblomow, dass es einfach verschwindet, indem man es ignoriert.

Eigentliche Handlung gibt es nur wenig: Die ersten 200 Seiten hindurch befindet sich Oblomow in seinem Bett. Dabei wird er von diversen Freunden und Bekannten besucht, deren Betriebsamkeit und Sorgen bei ihm auf wenig Interesse stoßen, sondern ihn nur darin bestärken, dass man lieber gar nichts tut.

Oblomow ist ein origineller Roman, und obwohl auf seiner Oberfläche über 800 Seiten lang nicht wirklich viel passiert, ist das Buch nie langweilig. Es zieht den Leser hinein in Oblomows Welt, in seine Gedanken und Eingebungen, seine Ängste, Neurosen und Träume. Das Buch driftet auf eine träge, schläfrige Weise dahin und bildet den Charakter seines Anti-Helden damit vollendet ab. Es wurde zunächst vor allem als Satire auf den Niedergang der russischen Aristokratie gelesen, später nahm man verstärkt seine psychologischen Aspekte in den Blick, insbesondere Oblomows Unbehagen angesichts der Hektik der modernen Zeiten, oder wie Oblomow selbst sagt: »Das Leben lässt einem doch gar keine Ruhe; überall fasst es einen an.«

Oblomow treibt Späße

Vom italienischen Schriftsteller Riccardo Aragno stammt eine Theaterfassung von *Oblomow*. Der in Großbritannien damals sehr bekannte Komiker Spike Milligan, ein Fan von Gontscharows Roman, erwarb 1964 die Aufführungsrechte und ließ das Stück in London inszenieren, denn er wollte auch einmal eine ernste Rolle spielen. Bei der Premiere wurde Milligan von Nervosität heimgesucht und vergaß viel von seinem Text. Um die Sache zu retten, griff er auf das zurück, was er am besten konnte: improvisierte, anarchische Comedy. Bei der Kritik kam das Stück nicht gut an, doch fortan nutzte Milligan *Oblomow* als Grundlage für durchgeknallte Improvisationen und machte jeden Abend spontan etwas anderes aus dem Stück. Er unterhielt sich mit dem Publikum, saß zu Beginn der Aufführung mit im Saal, trug künstliche Gliedmaßen und nannte Darsteller bei ihren richtigen Namen. Einmal sah Milligan, dass Peter Sellers, sein Kollege und Freund aus der *Goon Show*, als Gast von Queen Elizabeth II. in der Königsloge saß. Milligan unterbrach sein Spiel und begann mit Sellers, der sofort darauf einstieg, eine mehrminütige Improvisation. Die Show war ein großer Publikumserfolg. Weil sie nur noch wenig Ähnlichkeit mit Aragnos Drehbuch hatte, wurde sie bald in *Son of Oblomov* umbenannt.

SYLVIA PLATH
DIE GLASGLOCKE

Worum es geht
Ein autobiografisch grundierter Roman über
das Leben einer begabten jungen Schriftstellerin,
die mit psychischen Problemen und
ihrem Selbstwertgefühl kämpft.

Die Erkenntnis daraus
Eine vernichtende Kritik am Umgang mit
eigenständigen, aufstrebenden Frauen
in den 1950er-Jahren und den Erwartungen
der Gesellschaft an sie.

Der einzige Roman der US-amerikanischen Dichterin Sylvia Plath ist ein Schlüsselroman, was bedeutet, dass sich die realen Vorbilder hinter den fiktiven Figuren und Ereignissen relativ leicht entschlüsseln lassen. Er erzählt das Leben von Esther Greenwood, einer begabten Studentin, die ein Praktikum bei einer angesehenen New Yorker Modezeitschrift gewonnen hat. Von der oberflächlich wirkenden Welt um sie herum fühlt sich Esther zunehmend abgeschreckt, und sie beginnt, in Angstzustände, Depressionen und schließlich Selbstmordgedanken zu versinken. Sie unterzieht sich einer

Reihe von »Behandlungen«, darunter einer Elektroschocktherapie.

Hinter der freimütigen, ehrlichen Schilderung des Kampfes einer jungen Frau mit ihren psychischen Problemen steht ein dunkles Vermächtnis: Kurz nach Erscheinen des Buchs im Jahr 1963 nahm sich Sylvia Plath das Leben. Vieles in *Die Glasglocke* ist jedoch auch komisch und ätzend. Esthers Gedanken und Selbstreflexionen sind gespickt mit köstlichem Sarkasmus und ähneln bisweilen einer Abfolge kluger Aphorismen, zum Beispiel: »Das schlimmste war, ich war schon immer unzulänglich gewesen, ich hatte nur nie darüber nachgedacht.«

Der ungewöhnliche Roman *Die Glasglocke* vermittelt sehr gut, unter welchem Druck eine Frau der amerikanischen Mittelschicht in der Nachkriegszeit stand, einem von ihr geforderten bestimmten Ideal zu entsprechen. Zudem macht er deutlich, wie die Gesellschaft einen Menschen um sein Gefühl bringt, selbstbestimmt zu leben: »Für den, der eingezwängt und wie ein totes Baby in der Glasglocke hockt, ist die Welt selbst der böse Traum.«

ALBERT CAMUS
DER FREMDE

Worum es geht
Ein missmutiger Mann, unempfänglich für
die Gefühle und Emotionen der Menschen
um ihn herum, begeht einen sinnlosen Mord,
für den er weder Schuld empfindet noch Reue zeigt.

Die Erkenntnis daraus
Nach einem Sinn im Leben zu suchen,
ist eine absurde Sache, wenn es keine höhere
Sinnhaftigkeit oder Ordnung in der Welt gibt.

Der Fremde, auf Französisch *L'Étranger*, gilt gemeinhin als existenzialistischer Roman über die vergebliche Mühe, nach dem Sinn des Lebens zu suchen. Meursault, der gegenüber den Gefühlen anderer Menschen seltsam teilnahmslose Held dieses Buches, wird in eine Fehde seines Nachbarn Raymond mit einer Ex-Freundin und ihrer Familie hineingezogen. Nach einem heftigen Streit am Strand, bei dem der Bruder der Ex mit seinem Messer fuchtelt, kehrt Meursault mit einer Pistole an den Strand zurück, trifft dort eher zufällig auf den Mann und erschießt ihn. Während der nun folgenden Haftzeit und des Prozesses versucht Meursault das alles zu verstehen und ringt um eine vernünftige Erklärung für die Mordtat.

Seinen Roman existenzialistisch zu nennen, lehnte Camus ab, zum einen, weil er dieses Label nicht mochte, zum anderen, weil er der »Lehnstuhl-Philosophie« misstraute. Wenngleich manches in dem Buch klar auf den Existenzialismus verweist und geistiger Nihilismus zu dieser Zeit hoch im Kurs stand, treten in jüngerer Zeit neue Deutungsansätze in den Vordergrund.

Meursaults völliger Mangel an Empathie und Verständnis für die Gefühle anderer, seine emotionale Distanziertheit und die Überempfindlichkeit für Wärme, Licht und Geräusche sind typisch für Autismus-Störungen wie dem Asperger-Syndrom. 1942, als *Der Fremde* erschien, wusste man wenig über Autismus, und erst Jahrzehnte später wurde das Asperger-Syndrom als Krankheit klassifiziert. Camus dürfte Meursault einem Bekannten mit auffällig antisozialen Zügen nachempfunden haben, die mit dem Asperger-Syndrom übereinstimmen. Denkbar also, dass Camus gar keine Suada auf die Vergeblichkeit der Suche nach dem Sinn des Lebens schreiben wollte, sondern ungewollt eine überzeugende Darstellung von Autismus geliefert hat, die schon die erste Zeile des Romans auf den Punkt bringt: »Heute ist Mama gestorben. Vielleicht auch gestern, ich weiß nicht.«

Schon gewusst?

Das französische Wort *l'étranger* hat mehrere verwandte, doch unterschiedliche Bedeutungen. Es kann jemanden bezeichnen, der in einem fremden Land lebt (Meursault lebt als Franzose in der französischen Kolonie Algerien), eine von der Gesellschaft entfremdete Person oder einen einsamen Reisenden. In Großbritannien erschien der Roman als *The Outsider* und in den USA als *The Stranger*. Dem liegt kein Streit über die richtige Übersetzung zugrunde, sondern eine Kommunikationspanne. Die erste englische Übersetzung war als *The Stranger* geplant, aber ein britischer Verlag hatte kurz zuvor den Roman *Cudzoziemka* der polnischen Schriftstellerin Maria Kuncewiczowa unter dem Titel *The Stranger* herausgebracht, sodass Camus' Buch in Großbritannien zu *The Outsider* geändert wurde. Leider vergaß man, den amerikanischen Verlag, mit dem man sich die Übersetzungsrechte teilte, rechtzeitig über die Änderung zu informieren, daher die verschiedenen Titel.

DAZAI OSAMU
GEZEICHNET

Worum es geht

Roman mit autobiografischen Zügen über
das von Depression und Selbstzerstörung
gezeichnete Leben eines tiefunglücklichen Japaners
von seiner Kindheit bis zum jungen Erwachsenenalter.

Die Erkenntnis daraus

Wer mit seinem Selbstwertgefühl hadert und glaubt,
sich verstellen zu müssen, um von anderen
akzeptiert zu werden, ist Depressionen und
gesellschaftlicher Entfremdung preisgegeben.

Gezeichnet schildert das Leben und die Gedanken des jungen Japaners Ōba Yōzō in Form seiner Notizen in nachgelassenen Heften. Ein namenloser Autor/Herausgeber, der an sie gelangt ist, hat einen Prolog und einen Epilog dazu geschrieben, die den Roman rahmen.

Ōba Yōzōs Leben wird in drei Teilen erzählt, den Aufzeichnungen in drei Heften, wobei sich jeder Teil einer bestimmten Zeit in Ōbas kurzem Leben mit seiner psychischen Störung und seinem Trauma widmet. Im ersten Heft hat das Kind Ōba Mühe, mit der Außenwelt in Beziehung zu treten, es empfindet tiefe Gefühle der Entfremdung und Andersartigkeit. Um seiner quälenden Einsamkeit zu entkommen und mit Menschen in Beziehung treten zu können, gibt Ōba den Clown, auch wenn er sich innerlich dafür schämt, anderen etwas vorzugaukeln. Ōba wird sexuell missbraucht, beschließt aber, darüber zu schweigen aus Angst, dass ihm niemand glaubt.

Das zweite und dritte Heft erzählen von Ōba als Oberschüler und jungem Erwachsenen und schildern, wie er immer wieder Phasen voller Verzweiflung und Selbstmordgedanken durchleidet. Ōba trinkt stark, vernachlässigt sein Studium und wird von der Universität verwiesen. Er beginnt mehrere unpassende und aussichtslose Frauengeschichten, eine mündet in einen misslingenden Doppelsuizidversuch und damit in neue Schuldgefühle und noch tieferen Selbsthass. Für kurze Zeit hat Ōba eine erfreuliche Beziehung zu einer jungen Frau, die ihm dabei hilft, mit dem Trinken aufzuhören, doch ein alter Freund, der wieder auftaucht, sieht ihn erneut in Depression und Selbstzerstörung abgleiten. Diese verstörende Darstellung von gesellschaftlicher Entfremdung, Einsamkeit und Depression, erschienen 1948, zählt zu den Meisterwerken japanischer Literatur des 20. Jahrhunderts.

LAURENCE STERNE
TRISTRAM SHANDY

Worum es geht

Eine ausufernde, lustige Fake-Autobiografie über das Leben des Gentlemans gleichen Namens und seiner Familie und Bekannten.

Die Erkenntnis daraus

»Alles was ich wünsche, ist, dass es der Welt eine Lektion sein möchte, damit sie die Leute ihre Geschichten auf ihre eigene Weise erzählen lässt.«
Tristram Shandy

Dieser komische Episodenroman von 1759 (sein vollständiger Titel: *Leben und Meinungen von Tristram Shandy, Gentleman*) ist bekannt dafür, dass er erstmals verschiedenste Ansätze experimentellen Schreibens erprobt. Sterne bedient sich Techniken des Bewusstseinsstroms, der gedehnten Erzählzeit und der Leseransprache. Damit bereicherte und erweiterte er in großem Stil die Möglichkeiten der Gattung Roman.

Hier soll eine Autobiografie erzählt werden, doch Sterne konterkariert dies bewusst, indem er mit Tristrams Geschichte schon in der Zeit vor seiner Geburt einsetzt. Einen anderen klassischen Erzählansatz stellt er ebenfalls auf den Kopf: das homerische Verfahren, den Erzähler in der Mitte einer Handlungsfolge zu positionieren, von wo aus Rückschau auf

Zusammenhänge und Details gehalten werden kann, die im weiteren Verlauf der Geschichte wieder von Bedeutung sein werden. Tristram Shandy dagegen kann als Erzähler nichts schildern, ohne ständig und unsortiert auf seine »Meinungen« zu sprechen zu kommen. So vergehen zweieinhalb der neun Bände mit – relevanten oder auch ganz unnützen – Hintergrundinformationen und Abschweifungen (die Sterne reichlich Raum für satirischen Witz bieten), bevor die Titelfigur überhaupt zur Welt kommt.

Sterne wurde stark von dem französischen Satiriker François Rabelais beeinflusst (siehe *Gargantua und Pantagruel*) und teilt mit ihm die Faszination für Fäkalscherze und die Leiblichkeit des Menschen. Einmal wird das Kind Tristram versehentlich beschnitten, während es aus dem Fenster pinkelt. Nasen ziehen sich wie ein roter Faden durch den Roman, da Tristrams Vater der Ansicht ist, ein glückliches Leben setze eine markante und wohlgeformte Nase voraus (Tristrams Nase wird bei der Geburt eingedrückt). Sterne erweist Rabelais (und auch Cervantes' *Don Quijote*) direkt seine Reverenz, indem er ganze Abschnitte aus Rabelais' Werk entlehnt und sie mit komischer Wirkung seiner Schreibweise anverwandelt. *Tristram Shandy* ist keine leichte Lektüre – die Abschweifungen machen sie mit Absicht schwierig –, aber es bleibt ein höchst einflussreiches Buch, das mit seiner Kernbotschaft »Lasst die Leute ihre Geschichten auf ihre eigene Weise erzählen« die Literatur für Experimente und ganz neue Spielarten des Komischen geöffnet hat.

SAUL BELLOW
DIE ABENTEUER DES AUGIE MARCH

Worum es geht
Pikaresker Roman über einen mittellosen
jüdischen Jungen, der zur Zeit
der Weltwirtschaftskrise in Chicago aufwächst und
sich seinen Weg ins Leben erkämpft.

Die Erkenntnis daraus
Hör nicht darauf, was andere über deine
Möglichkeiten und Grenzen sagen,
sondern nimm dein Schicksal selbst in die Hand.

In der Literaturgeschichte ist der Pikaro ein liebenswerter Schelm von meist niederer Herkunft, der es mit Geschick und »Bauernschläue« im Leben voranbringt. Der Held solcher Romane ist ein unabhängiger Kopf, der in allerhand Situationen gerät und sich stets zu helfen weiß. Augie March ist so ein typischer Schelm in moderner Ausführung, und dieses Buch von 1953 beobachtet ihn dabei, wie er sich durchs Leben schlägt, wobei er seine »Abenteuer« in den diversen, sein Überleben sichernden Tätigkeiten und seinen Beziehungen zu Frauen und seiner Familie findet.

Augie kommt in einer armen, sozial benachteiligten Familie in den Slums von Chicago zur Welt. Er wächst ohne Vater auf, seine Mutter verliert ihr Augenlicht. Orientierung im Leben erhält er einzig von der (nicht blutsverwandten) »Großmutter«, einer tyrannischen jüdischen Matriarchin. Augie verkörpert in vielerlei Hinsicht die Kehrseite des amerikanischen Traums, denn obwohl er nach Erfolg strebt, gelangt er nie ganz an sein Ziel, muss immer wieder von vorn anfangen oder wird von seiner Herkunft eingeholt. Mehrfach versuchen andere Leute Augie für ihre Sache einzuspannen, die sich teils am Rand der Kriminalität bewegt oder ethisch fragwürdig ist. Irgendwie jedoch fällt er stets wieder auf die Füße und kämpft weiter, auf der Jagd nach seinem Traum. Am Ende des Romans philosophiert Augie über das Wesen des Scheiterns und kommt zu dem Schluss, wichtig sei nicht das Ziel, sondern der Weg zur Selbstverwirklichung.

J. D. SALINGER
DER FÄNGER IM ROGGEN

Worum es geht
Episodenroman über zwei Tage im Leben des deprimierten Jugendlichen Holden Caulfield, der von der Schule verwiesen wird und durch New York irrt.

Die Erkenntnis daraus
Die Herausforderungen des Lebens bewältigt man besser, wenn man ein paar Leute kennt, die wirklich zu einem halten. Vor Problemen wegzulaufen, macht diese nur noch schlimmer.

Oberflächlich betrachtet ist der Held und Erzähler von *Der Fänger im Roggen* (1951) der Urtypus eines »Rebellen ohne Anlass«. Holden Caulfield stammt aus wohlhabender Familie, ist intelligent und wortgewandt und besucht ein Internat von Rang. Doch hinter der Fassade des Privilegierten steckt ein sehr wütender, geplagter Teenager, der mit dem Erwachsenwerden zu kämpfen hat.

Zu Beginn des Romans lässt Holden ein Geschehnis Revue passieren, das den letzten Ausschlag zu seiner geistigen Erschöpfung gegeben hat. Nachdem er aufgrund mangelnder Leistungsbereitschaft von der Schule verwiesen wurde, verbringt Holden ein Wochenende in New York und hofft durch eine Reihe von Zufallskontakten auf einen Menschen zu stoßen, der ihm etwas bedeuten könnte.

Der Fänger im Roggen war als Buch für Erwachsene gedacht; aufgrund seiner einfühlsamen Darstellung der Ängste und Fremdheitsgefühle Heranwachsender ist es jedoch auch bei Jugendlichen beliebt. In Holdens Kämpfen und seinem rebellischen Wesen können sie sich gut wiedererkennen.

Holden wettert gegen »verlogene« (oberflächliche) Menschen und Umstände und ist auf der Suche nach etwas, das er nicht zu benennen weiß. Ein Schlüssel zu seinem Gemütszustand ist, dass er unter Depressionen und einer posttraumatischen Belastungsstörung leidet. Auf zwei Ereignisse in Holdens Vergangenheit wird hingedeutet: dass sein jüngerer Bruder Allie an Leukämie gestorben ist und dass ein Mitschüler Selbstmord begangen hat.

Dieses Buch lässt sich als Coming-of-Age-Roman lesen, der Themen wie Identität, Bewusstwerdung, Verzweiflung und Erwachen der Sexualität behandelt, wobei er auch die Symptome und Folgen psychischer Erkrankungen anschaulich macht, die unter Jugendlichen zunehmend verbreitet sind. Eines lässt sich aus dieser Lektüre ganz klar mitnehmen, nämlich dass junge Menschen ihre Probleme nicht allein bewältigen können; sie benötigen Unterstützung und Verständnis.

KNUT HAMSUN
HUNGER

Worum es geht
Ein erfolgloser junger Schriftsteller irrt geistig und körperlich abgezehrt durch die Straßen Oslos. Auf der Suche nach Essen und einer Unterkunft hat er diverse Begegnungen mit Menschen.

Die Erkenntnis daraus
Ein Roman über den Widerstreit zwischen Individuum und Gesellschaft und darüber, was Armut und Hunger mit der Seele und der körperlichen Verfassung vereinsamter Menschen machen.

Hunger, erschienen 1890, gilt vielen als der erste existenzialistische Roman und als Vorbote all der psychologischen Romane des 20. Jahrhunderts. Die Handlung, so man denn von einer sprechen mag, spielt sich in Form von *Stream-of-consciousness-*

Monologen im Kopf eines namenlosen leidenden Schriftstellers ab, der durch die Stadt Kristiania (heute Oslo) irrt.

Im wörtlichen wie übertragenen Sinn wird Hunger zum zentralen Motiv des Erzählers. Ausführlich schildert er seine Verwirrtheit, die Schmerzen und die Müdigkeit, während er erdulden muss, wie sich der Hunger auf seinen Körper und Geist auswirkt. Auf einer höheren Ebene steht der Begriff der Leere für eine Kritik an der Moderne und an urbaner Vereinzelung, denn der Erzähler begegnet vielen Leuten, die einsam, entfremdet und bedürftig sind. *Hunger* zielt allgemein auf die gewaltigen Zwänge, denen alle Menschen ausgesetzt sein können.

Der Erzähler hat beschlossen, sich außerhalb der Gesellschaft zu stellen, weil er über den anderen Menschen zu stehen meint. Eitelkeit und Selbstgefälligkeit suchen ihn heim, mehrmals verschweigt er aus Stolz seine verzweifelte Lage oder zeigt sich auf eine irrationale Art großzügig, die seinem eigenen Wohlbefinden zum Nachteil gereicht. Dieses Buch ist keine allzu unterhaltsame Lektüre, speziell wenn es die Auswirkungen der Entkräftung auf den Körper schildert. Der Roman ist autobiografisch grundiert, der junge Hamsun hat selbst Hunger gelitten, während er als Schriftsteller zu reüssieren versuchte, was ihm mit diesem Buch schließlich gelang.

SAMUEL RICHARDSON
PAMELA

Worum es geht

Roman aus den Briefen und Tagebucheinträgen
der Dienstmagd Pamela Andrews,
die nach dem Tod ihrer Herrin zum Objekt
unerwünschter und unangemessener Avancen
durch ihren neuen Herrn wird.

Die Erkenntnis daraus

Wer stets moralisch integer und
seinen Überzeugungen treu bleibt,
wird eines Tages den Lohn dafür erhalten.

Pamela oder die belohnte Tugend (1740) erzählt das Leben einer hübschen jungen Dienstmagd, zunächst mittels Briefen und später Tagebucheinträgen, die sämtlich an ihre Eltern gerichtet sind. Nach dem Tod ihrer Herrin Mrs B. tritt Pamela in den Dienst ihres Sohnes Mr B., der ihr Anwesen geerbt hat.

Mr B. unternimmt hartnäckige Versuche, Pamela für sich zu gewinnen. Zunächst überhäuft er sie mit Geschenken, doch als er mit Aufmerksamkeiten abblitzt, geht er zu immer extremeren Maßnahmen über. Nachdem zahlreiche Regelüberschreitungen wie Voyeurismus, Bestechung, sexuelle Übergriffigkeit und Entführung Pamelas Tugend nicht haben beflecken können, erkennt Mr B. das von ihm verursachte Leid und ändert sich von Grund auf. Er bereut seine Taten und lässt seine Gefangene entkommen und zu ihrer Familie zurückkehren. Als Mr B. sich in einem Brief für sein sündiges Verhalten bei Pamela entschuldigt und sie um Verzeihung bittet, befällt sie eine gewisse Schwermut, und sie erkennt, dass sie insgeheim Liebe für ihn empfindet. Und als Mr B. erkrankt, kehrt Pamela zurück, pflegt ihn und nimmt, nachdem er genesen ist, seinen Heiratsantrag an.

Pamela ist einer der ersten Romane, der die Psyche einer Figur, ihre inneren Gedanken und Gefühle erforscht. Zu seiner Zeit war er mit seiner Schilderung des englischen Klassensystems und einer Heirat über Klassengrenzen hinweg ziemlich provokant, wobei letztere viel Kritik einstecken musste. Dies ist zudem der erste Roman, der sich mit häuslicher Gewalt, sexuellen Übergriffen und dem Zwangsregime des Mannes über die Frau befasst. Wie Richardson selbst zu diesen Themen stand, ist unklar. Vermutlich glaubte er, eine literarische Form von »Benimmbuch« vorzulegen, wie es zu seiner Zeit beliebt war und Ratschläge zu guten Umgangsformen und sittlichem Verhalten erteilte.

FJODOR M. DOSTOJEWSKI
SCHULD UND SÜHNE

Worum es geht

Ein armer ehemaliger Student plant und
begeht einen Mord, den er für »erlaubt« hält,
da er seine geistige und moralische Überlegenheit
anderen gegenüber demonstriert.

Die Erkenntnis daraus

Moral und Ethik lassen sich nicht mit
Verstandesgründen erklären, das geht an der Komplexität
der menschlichen Seele und dem emotionalen Gehalt
von Begriffen wie Schuld, Verantwortung
und Gerechtigkeit vorbei.

Dies ist die Geschichte Rodion Raskolnikows, eines bitterarmen, geplagten jungen Mannes, der eine raffgierige Pfandleiherin ermordet. Raskolnikow rationalisiert den Mord mit der Begründung, er sei seinem Opfer moralisch und geistig überlegen. Außerdem hatte er vor, die Frau zu berauben. Dies sollte seinem Verbrechen eine zweite utilitaristische Rechtfertigung liefern, denn das Geld hatte die Frau schließlich armen Menschen in verzweifelter Lage abgeknöpft und er selbst wird es für hehre Zwecke verwenden. Nach dem Mord wird Raskolnikow von seelischen Ängsten geplagt, er verfällt in einen fiebrigen Dämmerzustand, während dem er sich mit den inneren und äußeren Folgen seiner Tat auseinandersetzt.

Raskolnikow ist eine besonders einprägsame und vielschichtige Schöpfung Dostojewskis. Mit seinem Überlegenheitskomplex, seinem Narzissmus und seinem Glauben, er könne hemmungslos nach Belieben Dinge tun, weist er so ziemlich alle Symptome eines Soziopathen auf. Entgegen seinen nihilistischen Beteuerungen jedoch handelt Raskolnikow ein Stück weit aus Edelmut und echtem Mitgefühl für Menschen, die ausgebeutet werden und schuldlos leiden.

Angeregt zu *Schuld und Sühne* (in neuerer Übersetzung auch: *Verbrechen und Strafe*) wurde Dostojewski insbesondere durch seinen Argwohn gegenüber radikalen Bewegungen unter den russischen Intellektuellen seiner Zeit. Anhand der Figur des Raskolnikow verdeutlichte er in seinem 1867 erschienenen Roman die Gefahren, die er darin sah, neumodische »westliche« Strömungen der Philosophie wie Rationalismus und Utilitarismus auf die Spitze zu treiben. Für Dostojewski ging Rationalismus, wenngleich an sich ein Prüfstein der Wahrheit, auf Kosten genuin christlicher Empfindungen wie Empathie und Mitgefühl. In *Schuld und Sühne* stellt er diesen Widerstreit in Raskolnikows Tat, seinem tiefen Fall und seiner letztlichen Erlösung dar.

HARUKI MURAKAMI
WILDE SCHAFSJAGD

Worum es geht
Surreale Pseudo-Detektivgeschichte über
die Suche nach einem Wandergeist in Gestalt
eines rätselhaften Schafs, das demjenigen,
der von ihm besessen ist,
übernatürliche Kräfte verleiht.

Die Erkenntnis daraus
Wer innerlich reift, hat die Chance,
sein wahres Wesen besser zu verstehen
und anzunehmen.

Dieser dritte Teil einer als »Trilogie der Ratte« bekannten Folge von Romanen erzählt weiter von den Abenteuern eines namenlosen Erzählers und seines Freundes »Ratte«. Das 1982 erschienene Buch lässt sich jedoch auch ohne Kenntnis der beiden Vorgänger-Romane, *Wenn der Wind singt* (1979) und *Pinball 1973* (1980), als eigenständiges Werk lesen. *Wilde Schafsjagd* markiert für Murakami eine auffällige Wende in Sachen Stil und Genre. Waren die beiden Vorgänger realistisch und nachdenklich in Tonfall und Sprache, entwickelt er hier eine genreübergreifende Mischung aus Surrealismus, Mystik und dem Absurden, die dann zum Markenzeichen seines Werks werden sollte.

Die Handlung ist teils Krimi, teils mystische Suche: Der Erzähler soll ein ganz bestimmtes Schaf finden; es ist von einem übernatürlichen Geist besessen, der die Seelen von Menschen bewohnen und ihnen besondere Kräfte verleihen kann. Mittels traumähnlicher Wahnbilder, wilder Handlungssprünge, innerer Monologe und philosophischer Reflexionen gestaltet Murakami die Suche nach dem Schaf als eine Reise hin zu Selbsterkenntnis und dem Klarkommen mit Verlust.

Dieser Roman entzieht sich jeder Einordnung, da er fernöstliche Traditionen mit Elementen aus Hardboiled-Thriller und Science-Fiction, einem trockenen Humor und viel Mystik verbindet. Murakamis Romane haben eine ähnliche DNA wie das Werk von Kurt Vonnegut (siehe *Schlachthof 5*), der ebenfalls literarische Formen genüsslich ineinander gerührt und Murakami anerkanntermaßen beeinflusst hat, wenngleich dessen Romane auch den Einfluss japanischer Manga-Comics und der Anime-Kultur in sich tragen. *Wilde Schafsjagd* gilt als der erste »typische« Murakami und eignet sich gut als Einstieg, um aus seiner verwegenen, abstrakten Perspektive die moderne Gesellschaft Japans zu erkunden.

OSCAR WILDE
DAS BILDNIS DES DORIAN GRAY

Worum es geht

Ein distinguierter junger Dandy erkauft sich
ewige Jugend und Schönheit um den Preis
seiner Seele, die durch sein hedonistisches,
amoralisches Leben verdorben wird.

Die Erkenntnis daraus

Ein von Eigensucht, Eitelkeit und
Ausschweifung geprägtes Leben mündet
in Elend und Selbstzerstörung.

Zu Beginn dieses Romans malt der Künstler Basil Hallward ein Ganzkörperporträt des höchst attraktiven Dorian Gray, in dem dessen Jugend und Lebenskraft ganz zum Ausdruck kommt. Während er das Bild betrachtet, meint Dorian, er würde gern mit dem Porträt tauschen, sodass sein Bild altern und an Schönheit einbüßen würde, während er für immer jung bliebe.

Während sich Dorian genussvoll ausschweifenden Vergnügungen hingibt, weiß er noch nicht, dass sein Wunsch in Erfüllung gehen sollte. Er verliebt sich in Sibyl Vane, eine in ihn vernarrte junge Schauspielerin, und sie verloben sich. Doch

Sibyl geht so in ihrer Liebe zu Dorian auf, dass sie darüber ihre Darstellungskunst einbüßt. Dorian fährt Sibyl daraufhin heftig an, er habe ihr Spiel anziehend gefunden, ohne diese Fähigkeit würde sie ihm nichts bedeuten. Als Dorian heimkommt, stellt er fest, dass sein Porträt einen spöttisch-grausamen Zug angenommen hat. Er erkennt den Zusammenhang, beschließt, sich mit Sibyl zu versöhnen und sie um Verzeihung zu bitten, muss jedoch erfahren, dass sich Sibyl bereits gebrochenen Herzens das Leben genommen hat. Diese Sache konnte Dorian nicht wiedergutmachen, und nun verliert er die letzten moralischen Hemmungen. Er versteckt das Porträt in einem verschlossenen Raum und gleitet immer tiefer hinab in ein Leben im schrankenlosen Exzess.

Als der Roman 1891 in Buchform erschien, schrieb Oscar Wilde dazu ein Vorwort, das sich wie ein Manifest zugunsten der für Wilde so anziehenden Fin-de-Siècle-Bewegung in Kunst und Philosophie liest. Darin erklärte er: »So etwas wie ein moralisches oder unmoralisches Buch gibt es nicht. Bücher sind entweder gut oder schlecht geschrieben. Das ist alles.« Wilde reagierte damit auf die Kritik am Roman, der bei seiner Erstveröffentlichung in einer Literaturzeitschrift aufgrund seiner Darstellung von Hedonismus und kaum verhüllter Homoerotik für erregte Debatten gesorgt hatte. Tatsächlich ist *Das Bildnis des Dorian Gray* ein zutiefst moralisches Buch über die Folgen verantwortungsloser Jagd nach immer neuen Lustbarkeiten.

MARY SHELLEY
FRANKENSTEIN

Worum es geht

Ein begabter Wissenschaftler erschafft
ein künstliches Wesen in der Hoffnung,
damit der Menschheit zu dienen,
doch sein Geschöpf ist ein missgestaltetes Monster
und erfährt Ablehnung von seinem Schöpfer
und anderen Menschen. Was es dazu veranlasst,
sich an ihnen zu rächen.

Die Erkenntnis daraus

Es ist gefährlich, ohne Rücksicht auf die möglichen
Folgen seines Handelns »Gott zu spielen«.
Um im Leben bestehen zu können, braucht jeder
das Gefühl, irgendwo dazuzugehören und
richtig eingebunden zu sein.

Frankenstein oder Der moderne Prometheus (so der vollständige Titel), erschienen 1818, ist ein aus drei Perspektiven erzählter Schauerroman. Den ersten Abschnitt bilden Briefe von Kapitän Walton, dem Leiter einer Expedition zum Nordpol, an seine Schwester. Walton schildert den Anblick einer riesigen Gestalt, die einen Hundeschlitten über das Eis zieht und später auf einen Mann trifft, Victor Frankenstein, der an Mangelernährung und Unterkühlung leidet. Dann übernimmt

Frankenstein und erzählt die Geschichte seiner wissenschaftlichen Experimente bis zu dem Punkt, an dem er seinem Humanoiden Leben einhaucht, wobei er entsetzt ist über das Ergebnis. Fortan meidet er sein Geschöpf.

In seinen Bericht eingebettet ist wiederum der Bericht des Monsters, das Frankenstein irgendwann seine Geschichte erzählt haben dürfte. Das Monster berichtet von seinem Behauptungskampf in der Welt der Menschen und von der Angst, Ablehnung und Feindseligkeit, die er bei ihnen hervorruft. Dass Frankenstein es von sich stieß, hat das Monster verbittert, dennoch beschließt es irgendwann, seinen Schöpfer aufzusuchen, da er allein die Verantwortung dafür trägt, sein Leben gestalten zu können. Gequält vom Ergebnis seiner Experimente und aus Angst vor den möglichen Folgen für die Menschheit, sollte er dem Monster eine Partnerin erschaffen, verrät Frankenstein seine Schöpfung ein zweites Mal. Die Folge sind eine Serie von Morden und ein erbitterter Kampf auf Leben und Tod.

Frankenstein gilt den meisten als Horrorgeschichte, ist jedoch auch eines der frühesten Werke der Science-Fiction-Literatur. Was seine komplexen Themen und die Erzählstruktur angeht, ist das Buch enorm anspruchsvoll, zumal wenn man bedenkt, dass Mary Shelley bei seiner Niederschrift erst neunzehn Jahre alt war.

Schon gewusst?

Die gängige Vorstellung von Frankensteins Monster als einer Kreatur, die aus willkürlich zusammengeflickten menschlichen Körperteilen besteht und mittels Elektrizität zum Leben erweckt wird, ist von Mary Shelleys eigener Beschreibung nicht gedeckt. Im Roman kommt Frankenstein durch jahrelanges Studium hinter das Geheimnis, tote Materie zum Leben zu erwecken, und verbringt Monate damit, seine humanoide Figur aus Teilen zu formen, die er sich »aus dem Seziersaal und auch dem Schlachthaus« beschafft. Der Anblick von Frankensteins Monster auf Halloween-Masken und in Comics ist eine Erfindung Hollywoods und geht auf Maske und Kostüm der Verfilmung von 1931 mit Boris Karloff in der Titelrolle zurück.

JAMES JOYCE
ULYSSES

Worum es geht
Experimenteller Roman der Moderne über
die Gedanken, Wege und Begegnungen
von Leopold Bloom an einem einzigen Tag,
dem 16. Juni 1904, in Dublin, Irland.

Die Erkenntnis daraus

Das menschliche Bewusstsein ist ein Wunderding, es lässt uns in gewöhnlichen Alltagserfahrungen das Außergewöhnliche sehen, wodurch das Leben eines Jeden wertvoll und einzigartig wird.

Ulysses spielt an einem Tag im Leben von Leopold Bloom, der Hauptfigur, seiner Frau Molly Bloom sowie Stephen Dedalus, einem Bekannten Blooms. Seine 18 Kapitel oder Episoden lassen sich jeweils Figuren oder Begebenheiten aus Homers *Odyssee* zuordnen (Ulysses ist der lateinische Name für Odysseus, den Helden der *Odyssee*).

In Homers Versepos bekommt es Odysseus auf seiner Irrfahrt heim zu seiner Frau mit Stürmen und Schiffbrüchen, Göttern und Ungeheuern zu tun. Leopold Blooms weit profanere Streifzüge durch Dublin bis zur Heimkehr zu seiner Frau sind in ihren Bezügen zu Homer bewusst ironisch gehalten. Die Zauberin Kirke zum Beispiel, die die Gefährten des Odysseus in Schweine verwandelt, hat ihre Parallele in Bella Cohen, der Chefin eines von Bloom und Dedalus besuchten Bordells. Der riesige Zyklop bei Homer erscheint in *Ulysses* als betrunkener, rasender Antisemit, »der Bürger« genannt, den seine hasserfüllten nationalistischen Phrasen »geblendet« haben und mit dem Bloom in Barney Kiernans Pub in Streit gerät. Als Odysseus dem Zyklopen entkommt, verhöhnt er ihn beim Davonsegeln und provoziert den Riesen, einen gewaltigen Felsen nach den Schiffen zu schleudern. Als Bloom in *Ulysses* aus dem Pub flieht, wirft der Bürger eine Keksdose nach ihm.

Der 1922 erschienene *Ulysses* wird von Literaturkennern für seinen innovativen, experimentellen Gebrauch der Sprache verehrt. Joyce bedient sich nicht nur althergebrachter Stilmittel, sondern strapaziert durch Bewusstseinsstrom, Wortspiele, defekten Satzbau und eigenwillige Zeichensetzung unentwegt die Möglichkeiten der Sprache zum Erfassen und Erhellen der im Kopf seiner Figuren frei fließenden Gedanken. Auch die Erzählstruktur ist oft verspielt, mit wechselnden Perspektiven und Stimmen, seltsamen Sinnestäuschungen und Umwegen. Von seiner Beschwörung des menschlichen Bewusstseins abgesehen, scheint das Werk keine klare Absicht oder Botschaft zu haben, gleichwohl sinnieren und diskutieren seine Figuren über ein breites Spektrum an Themen wie Politik, Kunst, Geschichte, Philosophie und Religion.

Ulysses ist eine sehr vertrackte Lektüre, und das mit voller Absicht, aber es ist eine Fundgrube an Einsichten (»Die Geschichte ist ein Alptraum, aus dem ich zu erwachen versuche«). Es ist ein phänomenales Kunstwerk und eine Hommage an die betörende Macht der Sprache.

ROBERT LOUIS STEVENSON
DER SELTSAME FALL DES DR. JEKYLL UND MR HYDE

Worum es geht
Ein Anwalt untersucht eine Reihe seltsamer Vorkommnisse im Zusammenhang mit seinem Freund Dr. Jekyll und dessen Beziehung zu dem mysteriösen Mr Hyde.

Die Erkenntnis daraus

Auf den Punkt gebrachte Darstellung vom zwiegespaltenen Wesen des Menschen und des Kampfs zwischen Gut und Böse sowie die allegorische Schilderung einer Sucht.

Die Schauergeschichte *Der seltsame Fall des Dr. Jekyll und Mr Hyde* hat seit ihrem Erscheinen 1886 zu zahllosen Bühnen- und Filmfassungen inspiriert. Der Anwalt Gabriel John Utterson versucht aufzudecken, was es mit der Verbindung seines Freundes Dr. Jekyll zu einem gewissen Mr Hyde sowie einer Reihe tätlicher Vorfälle auf sich hat. Das Ganze ist im Kern als Detektivgeschichte angelegt, mit Utterson in der Rolle des Detektivs; Stevenson setzt einen allwissenden Erzähler ein, lässt die Leser jedoch auch an Uttersons Gedanken, Skepsis und Einsichten teilhaben. Die Geschichte mündet später in zwei ausführliche Briefe – einen von Jekylls Freund Dr. Lanyon und einen von Jekyll selbst –, die offenbaren, dass Jekyll und Hyde ein und dieselbe Person sind.

Wohl die meisten Menschen sehen in dieser Novelle einen Kampf zwischen Gut und Böse dargestellt, sie lässt sich jedoch auch als Beschreibung einer Sucht lesen. Im Bewusstsein seiner inneren Kämpfe unternimmt Jekyll Experimente mit dem Ziel, mithilfe eines Elixiers seine dunklen Triebe in einem anderen Körper unterzubringen; dadurch wären sie isoliert und er von ihnen befreit. Doch dann wird er süchtig nach der Freiheit und dem Genuss, die ihm die Verwandlung in Hyde gewähren, und muss zur Rückkehr in die Normalität immer höhere Dosen einnehmen, was dem klassischen Verlauf einer Drogen- oder Alkoholabhängigkeit entspricht. Besonders deutlich wird dies in Jekylls Verhalten, sich mit zunehmender Abhängigkeit vom Elixier immer weiter von den Menschen zurückzuziehen, wobei er in einen wahnhaften Zustand der Selbstverleugnung gerät. Ein weiterer Aspekt der Novelle ist die Diskrepanz zwischen öffentlich dargestellter Rolle und tatsächlichem Handeln. Mit seiner Geschichte gibt Stevenson ein Beispiel für die verborgenen Seiten der Moral in seinem viktorianischen Zeitalter, wo hinter einer Fassade der Anständigkeit allerhand Sünden und Laster lauerten.

EDGAR ALLAN POE
DER DÄMON DER PERVERSITÄT

Worum es geht
Erzählung über die Mordtat eines Mannes, dem es gelingt, diese jahrelang zu verheimlichen, bis ihn plötzlich ein unkontrollierbarer Geständnisdrang packt.

Die Erkenntnis daraus
Die dunkle Seite der menschlichen Psyche kann Menschen dazu verleiten, selbstzerstörerischen Impulsen zu folgen.

Diese 1845 erschienene Erzählung (Originaltitel: *The Imp of the Perverse*) bedient sich der Essayform zur Erkundung eines psychologischen Dilemmas. Ein Mann ermordet einen anderen Mann mithilfe einer giftigen Kerze, die toxische Dämpfe freisetzt. Der Mörder erbt das Vermögen des Toten, und sein Verbrechen bleibt viele Jahre lang unaufgeklärt, bis sich eines Tages der Gedanke in ihm festsetzt, seine Tat könne nur aufgedeckt werden, indem er sie freiwillig gesteht. Dieser Drang zur Selbstzerstörung packt den Mörder so sehr, dass er schließlich dem erliegt, was Poe den »Dämon der Perversität« nennt; er wird als kleiner Alp der dunklen Seite der Psyche beschrieben, der uns schädliche Gedanken in den Kopf setzt. Der Mann gesteht den Mord, wird verurteilt und gehängt.

In der Geschichte extrapoliert Poe diese Theorie am Beispiel von Menschen, die an einem Abgrund stehen und den plötzlichen dunklen Drang verspüren, hinabzuspringen:

> *»Wir stehen am Rand eines Abgrunds. Wir spähen hinab – uns wird übel und schwindlig. Unser erster Impuls ist, vor der Gefahr zurückzuweichen. Unerklärlicherweise bleiben wir. ... Es ist nur die Vorstellung, was wir wohl bei einem fliegenden Sturz von solcher Höhe empfinden würden ... gerade darum nähern wir uns ihm mehr und mehr.«*

Manche haben auf Poes eigenes selbstzerstörerisches Verhalten hingewiesen und Geschichten wie *Der Dämon der Perversität* oder *Die schwarze Katze* als Versuche Poes gedeutet, seine eigenen inneren Dämonen zu erkunden und zu begreifen.

5. KAPITEL

GESCHICHTE UND ERINNERUNG

Dieses letzte Kapitel befasst sich zum einen mit der Darstellung bedeutender historischer Ereignisse und zum anderen mit Erinnerungstexten. Schriftsteller der literarischen Moderne wie Virginia Woolf und William Faulkner sehen Erinnerung als Konstrukt des menschlichen Bewusstseins, dabei streichen sie die Tragik heraus, die darin liegt, dass man einmal verlorene Zeit niemals wiedererlangt, und die Furcht vor dem Vergehen der Zeit. Vladimir Nabokov, Iris Murdoch und Alice Munro erkunden die Funktion des Erinnerns als einen schöpferischen Prozess und zweifeln an der Verlässlichkeit von Erinnerungen, die stets durch das Prisma der Zeit ins Gedächtnis gerufen werden. Orhan Pamuk erforscht, wie Menschen Erinnerungen mit Objekten verbinden und wie diese Objekte zur Bewahrung der Vergangenheit beitragen können.

Hier geht es um Erzählliteratur, die in verschiedenen realen Epochen der Geschichte spielt, etwa im Südafrika der Apartheid-Ära, im Indien zur Zeit der Unabhängigkeitsbewegung oder im Venezuela während der Diktatur von Juan Vicente Gómez in den ersten Jahrzehnten des 20. Jahrhunderts. Diese Romane werfen ein Licht auf historische Phasen und Entwicklungen. Indem sie ihre Themen literarisch ausgestalten und anschaulich vor Augen führen, erweitern sie unser Verständnis für ihre Bedeutung.

WILLIAM FAULKNER
SCHALL UND WAHN

Worum es geht

Die Geschichte vom Niedergang der Compsons, einer einst mächtigen und angesehenen Familie aus den Südstaaten, erzählt anhand der Gedanken und Erinnerungen dreier Brüder.

Die Erkenntnis daraus

Erinnerungen sind stabil und unumstößlich an die Vergangenheit gekoppelt, doch die Zeit unterliegt einem ständigen Wandel, und der Mensch kann nicht in der Vergangenheit leben.

Faulkners vierter Roman, 1929 erschienen, gilt als sein Meisterwerk. Mit dem Einsatz von Bewusstseinsstrom, innerem Monolog und mehreren Erzählerstimmen markiert er zudem einen radikalen Stilwandel. Der Roman besteht aus vier Teilen mit jeweils einer anderen Erzählstimme. Der erste Teil umfasst die Gedanken und »Erinnerungen« von Benjy, einem der Compson-Brüder, der geistig behindert ist. Benjys

Erinnerungen sind aufgrund seiner Behinderung unzusammenhängend und nicht-linear.

Der zweite Teil wird von Quentin erzählt, dem ältesten und intelligentesten der Compson-Brüder, der an der Harvard-Universität studiert. Quentins Gedanken sind ebenfalls nicht-linear und spiegeln seine Ängste und Neurosen. Sie wechseln zwischen Erinnerungen an seine Schwester Caddy, mit der er zerstritten ist, seinen Gefühlen der Entfremdung von seinem Vater und seiner Besessenheit vom Tod als einem Mittel der Flucht vor der Gegenwart und Vergangenheit.

Der dritte Abschnitt über die Gedanken und Beweggründe von Jason Compson ist vergleichsweise geradlinig erzählt, was wohl damit zu tun hat, dass Jasons Psyche nicht allzu kompliziert ist. Jason ist boshaft, herrschsüchtig und offen rassistisch. Er hat Geld unterschlagen, das für den Unterhalt seiner Nichte Miss Quentin gedacht war, und steht für den moralischen Bankrott, den die Familie Compson erlitten hat.

Der letzte Abschnitt, in dem ein allwissender Erzähler zum Einsatz kommt, dreht sich um Dilsey, die Haushälterin und Mutter der bei den Compsons beschäftigten Dienerfamilie. Die tiefgläubige Frau bleibt der Familie Compson treu, obwohl sie schlecht behandelt und geschmäht wird. Sie hilft bei der Pflege von Benjy und nimmt ihn mit in die Kirche.

Schall und Wahn ist keine leichte Lektüre, vor allem der von Benjy erzählte erste Teil ist durchaus verwirrend, worin sich das Durcheinander im Kopf des Erzählers spiegelt. Vom zweiten Teil abgesehen, der einen großen Zeitsprung zum Tag von Quentins Tod macht, spielt die »Handlung« des Romans symbolischerweise an einem Osterwochenende (wenngleich selbst dies durchbrochen wird, da Jasons Teil auf den Karfreitag datiert, den Tag vor Benjys Teil). Hinter Faulkners Kunstgriffen mit Zeit, Bewusstsein, Erinnerung und Wahrnehmung verbirgt sich ein zutiefst trauriges Buch über Wandel und Niedergang und die Unmöglichkeit, in der Vergangenheit zu leben.

Schon gewusst?

Der Titel des Buchs (im Original: *The Sound and the Fury*) entstammt einer Szene aus Shakespeares *Macbeth*, in der der Titelheld in Reaktion auf Lady Macbeths Freitod mit sich selbst spricht:

»Leben ist nur ein wandelnd Schattenbild,
Ein Märchen ist's, erzählt
Von einem Blödling, voller Schall und Wahn,
Das nichts bedeutet.«

»Ein Märchen ist's, erzählt von einem Blödling« nimmt Bezug auf den ersten Teil des Buches, der im Kopf des geistig behinderten Benjy angesiedelt ist. Macbeths seltsam unpersönliche, nihilistische Reaktion auf den Selbstmord seiner Frau wird in der Art gespiegelt, wie die Compsons auf Quentins Tod reagieren.

IRIS MURDOCH
DAS MEER, DAS MEER

Worum es geht

Ein Schauspieler und Theaterdirektor zieht nach seinem Bühnenabschied an die Küste, um sein Leben aufzuschreiben, und begegnet dort einer Jugendliebe, von der er auf zerstörerische Weise besessen wird.

Die Erkenntnis daraus

Eine Betrachtung über Kunst, die Unzuverlässigkeit des Gedächtnisses, Obsession und Wahn und die »Wahrheit der Unwahrheiten«, die wir der Welt darbieten.

Das Meer, das Meer, 1978 ausgezeichnet mit dem Booker Prize, erzählt die Geschichte von Charles Arrowby, der sich vom Theaterleben Londons in ein Haus am Meer zurückzieht, wo er in Einsamkeit leben, gut essen und sein Leben einer Chronik anvertrauen will. Arrowby ist eitel, missgünstig und tyrannisch; durch allerhand Besuche ehemaliger Kollegen und Freundinnen treten sein despotischer Hang, seine Selbsttäuschungen und sonstigen Abgründe immer mehr zutage.

Arrowby ist unfähig, die Gedanken und Gefühle anderer zu verstehen und wertzuschätzen, er ist ein Soziopath, der eine einstige Liebe einfach verklärt ohne Sinn für die Realität oder einen aufrichtigen Umgang in der Gegenwart. Iris Murdoch nutzt die Form der Aufzeichnung zur Erkundung des Gedankens, dass Erinnerungen immer durch aktuelle Erfahrungen gefiltert werden und sich im Lauf der Zeit verändern können. Am Ende des Romans kehrt Arrowby, ernüchtert von seinem Leben auf dem Land, nach London zurück und denkt darüber nach, wie unzuverlässig oder falsch Erinnerungen sein können: »… lose Enden lassen sich nie richtig verbinden, man erzeugt immer neue. Die Zeit, wie das Meer, löst alle Knoten. Urteile über Menschen sind nie endgültig, sie ergeben sich aus etwas Aufsummiertem, was sofort die Notwendigkeit nahelegt, sie einer Nachprüfung zu unterziehen.«

Das Meer, das Meer ist eine fesselnde Studie über einen Geist, der durch Selbsttäuschung und Lebenslügen an den Rand des Wahnsinns gerät. Im Kern ein psychologischer Roman, ist er doch stellenweise von zartbitterer Komik erfüllt und wunderbar dicht geschrieben, insbesondere die Schilderungen der Küste und natürlich des Meeres mit seiner magischen, mystischen Natur.

VIRGINIA WOOLF
MRS DALLOWAY

Worum es geht
Die Gedanken, Gefühle, Erinnerungen und Träume
einer Frau aus der Londoner Oberschicht
im Verlauf eines einzigen Tages, während sie
eine Abendgesellschaft vorbereitet und ausrichtet.

Die Erkenntnis daraus

Ganz nach den Erwartungen der Gesellschaft zu leben,
lässt uns unausgefüllt und führt zu einem Gefühl
von Verlust. Es ist schwer, dem Wandel
im Persönlichen wie Gesellschaftlichen zu folgen
und sich der Erfahrung des Moments hinzugeben,
wenn die Welt insgesamt sich so rasch verändert.

Dieser *Stream-of-consciousness*-Roman schildert einen Tag im Leben von Clarissa Dalloway, einer Dame der Londoner Gesellschaft mittleren Alters. Das 1925 erschienene Buch hat keine Handlung im herkömmlichen Sinn, es besteht aus einer Folge von Situationen und Momenten, mitgeteilt durch die Gedanken, Gefühle, Erinnerungen und Träume von Mrs Dalloway und den Leuten, denen sie begegnet.

Neben ihr gibt es eine weitere Hauptfigur, Septimus Smith, der als Veteran des Ersten Weltkriegs an einer posttraumatischen Belastungsstörung leidet. Clarissa und Septimus treffen nicht aufeinander (sie laufen sich unwissentlich auf der Straße über den Weg), dennoch agieren sie wechselseitig als Alter Egos oder »Doppelgänger« und sind in den Gedanken des jeweils anderen gespiegelt. Beide fühlen sich in ihrer Individualität eingeschränkt und bedauern Fehlentscheidungen von früher: Clarissa hat rein aus gesellschaftlichem und finanziellem Kalkül Richard geheiratet, Septimus hat sich mit falschen romantischen Vorstellungen von Patriotismus und Heldentum zur Armee gemeldet. Das lastende Gefühl der Reue und quälende Erinnerungen haben dazu geführt, dass

Clarissa und Septimus mit psychischen Problemen zu kämpfen haben.

Zeit und Erinnerung sind wichtige Themen und Motive in *Mrs Dalloway*. Regelmäßig ertönen die Glocken von Big Ben und markieren so das Vergehen der Zeit, das Clarissa so krankhaft fürchtet. Dies ist ein komplexes Buch, in dem manche ein Seitenstück oder eine Antwort auf James Joyces *Ulysses* sehen. Eine gewisse Ähnlichkeit besteht darin, dass beide Romane an einem einzigen Tag spielen und unzählige Perspektiven einnehmen. Auch können beide als experimentelle Werke gelten, die neue Methoden zur Beschreibung des menschlichen Bewusstseins erkunden.

RÓMULO GALLEGOS
DOÑA BÁRBARA

Worum es geht

Ein Jurist kehrt auf das Gut seiner Familie
im ländlichen Venezuela zurück und muss feststellen,
dass eine tyrannische Grundbesitzerin es sich
einverleibt hat, die Männerhasserin Doña Bárbara.
Ein Machtkampf entbrennt.

Die Erkenntnis daraus

Fortschritt und Moderne können
eine zivilisierende Wirkung haben, stoßen jedoch
vielfach auf Ablehnung und Widerstand.

Dieser Roman des venezolanischen Schriftstellers Rómulo Gallegos aus dem Jahr 1929 erzählt die Geschichte des gebildeten Santos Luzardo, der auf das Gut seiner Familie in der Ebene Venezuelas zurückkehrt, wo er feststellt, dass Doña Bárbara, eine berühmt-berüchtigte Frau mit einem Ruf wie Donnerhall, die Ranch an sich gerissen hat. Luzardo wollte die Ländereien eigentlich verkaufen, doch er beschließt zu bleiben und sich seinen Besitz über den Weg von Recht und Gesetz zurückzuholen.

Der Machtkampf zwischen Luzardo und Doña Bárbara steht bildlich für den Kampf um die Seele von Venezuelas ländlichem Terrain. Santos Luzardo vertritt dabei die Modernisierungsbewegung, wie sie zu Beginn des 20. Jahrhunderts in vielen Regionen Südamerikas aufkam: die gebildete Klasse der städtischen Intelligenz, die die Landbevölkerung zivilisieren möchte, damit sie Stammesdenken und Faustrecht hinter sich lässt. Doña Bárbara hingegen steht für das Rohe und Wilde der Vergangenheit, für eine Zeit, in der eine von Angst und Aberglauben erfüllte Welt mit Gewalt beherrscht wurde.

Gallegos' Roman lässt sich ein Stück weit auch als allegorische Darstellung Venezuelas und seiner gesellschaftspolitischen Verfassung lesen. In den 1920er-Jahren herrschte Diktator Juan Vicente Gómez über das Land. Mit den Gewinnen aus kurz zuvor entdeckten Ölvorkommen brachte Gómez Modernisierungsprozesse in Gang und damit einer kleinen Elite erheblichen Wohlstand. Sein Regime war jedoch von Korruption und Gewalt gegenüber jeder Art von Opposition geprägt.

NADINE GORDIMER
BURGERS TOCHTER

Worum es geht
Südafrika zur Zeit der Apartheid:
Eine junge Weiße sucht nach ihrem eigenen Weg
und folgt schließlich doch dem Vermächtnis ihres Vaters,
eines in Haft gestorbenen politischen Aktivisten.

Die Erkenntnis daraus
Wird das Verlangen nach persönlicher
Lebensgestaltung durch gesellschaftliche und
politische Verantwortung herausgefordert,
kommt es zu Konflikten und Spannungen.

Burgers Tochter, 1979 erschienen, erzählt die Geschichte von Rosa Burger im Südafrika der 1970er-Jahre. Rosas Eltern waren berühmte weiße Aktivisten, die ihr Leben dem Kampf gegen die Apartheid und für die Gleichbehandlung der schwarzen Bevölkerung gewidmet haben.

Der Roman wechselt zwischen der ersten und dritten Person und erzählt in Rückblenden von Rosas Kindheit, als ihr Elternhaus ein Zufluchtsort für die Armen und politisch Verfolgten war. Das Geschehen spielt überwiegend ein Jahr nach dem Tod ihres Vaters und handelt von Rosas Versuchen, nicht so wie ihre Eltern das Politische zu ihrem Lebensinhalt zu machen. Doch aufgrund ihrer Herkunft und der Menschen, die sie kennt (hauptsächlich Kampfgefährten ihrer Eltern), wird sie zum Objekt staatlicher Überwachung und erhält keinen Pass. Ein einflussreicher Bekannter verhilft Rosa schließlich doch zu Papieren, sie reist nach Frankreich und plant, dort zu bleiben.

Eine Zeit lang führt Rosa ein Leben nach eigener Vorstellung und empfindet nicht mehr die Last, die Tochter eines verehrten Widerstandskämpfers zu sein. Doch im Urlaub in London besucht sie Versammlungen zum Thema Apartheid, und eine zufällige Begegnung mit ihrem Ziehbruder entfacht von Neuem ihr politisches Bewusstsein als wichtigem Bestandteil ihrer Existenz. *Burgers Tochter* schildert die Gewalttätigkeit des Apartheidregimes und wie sich Menschen dagegen zur Wehr setzen. Und es erzählt die Geschichte einer Frau, die sich erst über Umwege ihrer Identität und ihres Verantwortungsgefühls bewusst wird.

SALMAN RUSHDIE
MITTERNACHTSKINDER

Worum es geht
Ein postmoderner, postkolonialer Roman über das Leben zweier Kinder, die in der ersten Stunde der Unabhängigkeit Indiens von der britischen Kolonialherrschaft geboren wurden und damit an einem Wendepunkt in der Geschichte.

Die Erkenntnis daraus
Eine Kultur, die lange Zeit unter kolonialer
Unterdrückung gelitten hat, wird zwangsläufig
um die Neuerweckung und Behauptung
ihrer Identität kämpfen, was zu heftiger Gewalt
und schweren Konflikten führt.

Dieser Roman aus dem Jahr 1981 spielt in den Jahren vor und nach der Unabhängigkeit Indiens von der britischen Herrschaft und beschreibt die Erfahrungen dreier Generationen der Familie Sinai. Erzählt wird diese Geschichte von Saleem Sinai, einem der »Mitternachtskinder«, die in der ersten Stunde des neuen Indiens geboren wurden und mit magischen Kräften gesegnet (oder in gewissem Sinn gestraft) sind. Saleem arbeitet tagsüber in einer Fabrik, die »Pickles« einmacht, und schreibt nachts mit Hilfe seiner treuen Begleiterin Padma seine oft fantastischen Geschichten auf.

Saleems »Autobiografie« spielt vor dem Hintergrund vieler wichtiger Ereignisse der wechselhaften Geschichte Indiens im 20. Jahrhundert. Durch das Prisma seiner Erzählungen entsteht ein Bild vom Unfrieden und den Turbulenzen in dem riesigen Land: die Spannungen und Trennlinien unter den Ethnien und Klassen, religiöser Fanatismus und der Konflikt zwischen traditionellen Werten und den Einflüssen der Moderne.

In *Mitternachtskinder* bedient sich Rushdie postmoderner Stilmittel wie dem ständigen Überschreiten der Grenze vom Realen zum Irrealen oder Magischen, was die Unzuverlässigkeit von Saleems Erinnerungen noch verstärkt. Immer wieder erinnert sich Saleem falsch an Erlebtes oder historische Fakten. Anfangs sorgt er sich, diese Gedächtnisfehler könnten Symptome abnehmender Geisteskraft sein, doch oft lehnt er es ab, sie zu korrigieren, mit der Begründung, dass er die Ereignisse eben so abgespeichert habe und sie somit seine persönliche Wahrheit darstellen. Erinnerung wird auf diese Weise zu einem schöpferischen Akt und gibt Saleem die Freiheit, seine Identität, seine Geschichte und seine Welt selbst auszugestalten.

Mitternachtskinder ist ein komplexes Buch, das diverse Genres miteinander verschränkt. Indem es Fakten mit Fiktion, Komödie mit Tragödie und Fantasie mit Realität vermischt, erzählt es eine symbolträchtige Geschichte über Indiens Weg von der Kolonialherrschaft bis zur Unabhängigkeit 1947 und der Abtrennung Pakistans vom indischen Subkontinent.

ORHAN PAMUK
DAS MUSEUM DER UNSCHULD

Worum es geht

Der wohlhabende Kemal wird heiraten,
ist aber unsterblich in Füsun verliebt, eine einfache
junge Verkäuferin. Als er die Liebe seines Lebens verliert,
macht er sich daran, sie für sich zurückzuholen,
indem er Gegenstände von ihr sammelt,
die ihn an diese Liebe erinnern.

Die Erkenntnis daraus
Erinnerungen lassen sich auf Objekte übertragen,
die etwas von dem bewahren, was durch
den unaufhaltsamen Lauf der Zeit verloren vergeht.
Die alte Unschuld wiederherzustellen, ist leider unmöglich.

Das Museum der Unschuld (2008) folgt dem vertrauten Schema einer unmöglichen Liebe, die am äußeren Druck eines Klassensystems scheitert. Kemal, ein verlobter reicher Istanbuler Geschäftsmann, ist hin- und hergerissen zwischen den Erwartungen seiner Familie und Klasse und seiner Liebe zu Füsun. Als nach Kemals Verlobung mit Sibel seine große Liebe Füsun vollständig abtaucht, stürzt ihn das in tiefe Verzweiflung. Als sie sich schließlich wiedersehen, wenn auch merklich nur unter den Bedingungen der inzwischen verheirateten Füsun, ringt Kemal verzweifelt um das Feuer ihrer einstigen Leidenschaft. Er beginnt, Gegenstände aus ihrem Haus zu stehlen, um sie wenigstens stellvertretend für sich »zurückzugewinnen«. Nach Füsuns Tod eröffnet er mit diesen bei ihr eingesammelten Objekten ein Museum.

Auf unkonventionelle Weise erzählt Pamuks Roman eine melancholische, tragische Liebesgeschichte, geht dabei aber auch der philosophischen Frage nach, wie man Erinnerungen bewahrt, ohne dass sie durch die vergehende Zeit und die rosarote Brille der Rückschau verfälscht werden. Mit dem in den 1970er- und 1980er-Jahren spielenden Setting widmet sich der türkische Schriftsteller auch wieder einem zentralen Thema vieler seiner Romane, dem Aufeinanderprallen der aus osmanischen Zeiten stammenden alten Kultur mit ihren teils sinnentleerten Traditionen und den modernen, von Materialismus und Kommerz geprägten Werten der westlichen Welt.

Schon gewusst?

Das Museum, das Kemal am Ende des Romans gründet, gibt es in Istanbul tatsächlich. Während er an seinem Roman arbeitete, begann Orhan Pamuk mit dem Sammeln von allerhand Kuriositäten. Manchmal inspirierte ihn ein Objekt zu einer neuen Episode, bei anderer Gelegenheit suchte er nach Gegenständen, die bereits bestehende Szenen verbildlichen konnten. Die Sammlung sollte anlässlich des Erscheinens des Romans im Jahr 2008 ausgestellt werden, doch das Museum öffnete erst vier Jahre später, weil Pamuk immer weiter an seinem Konzept arbeitete. Es besteht aus 83 Exponaten, die den 83 Kapiteln des Romans entsprechen, zeigt Objekte, die in der Geschichte vorkommen, und andere Fundstücke, die an das Istanbul der 1970er-Jahre erinnern. Besucher erhalten kostenlosen Zutritt, wenn sie ein Exemplar des Buches mitbringen, denn im letzten Kapitel ist eine Eintrittskarte abgedruckt.

SHASHI THAROOR
DER GROSSE ROMAN INDIENS

Worum es geht

Satirischer historischer Roman, der das hinduistische Epos *Mahabharata* neu als Geschichte Indiens von der Unabhängigkeitsbewegung bis in die ersten postkolonialen Jahrzehnte erzählt.

Die Erkenntnis daraus

»Frieden ist nicht die Abwesenheit von Konflikten, es ist die Fähigkeit, mit Konflikten umzugehen.« – *Mahatma Gandhi.*

Das alt-indische Epos *Mahabharata* erzählt vom dynastischen Konflikt der Pandavas und der Kauravas, zwei miteinander verwandten Linien der Nachkommen von König Shantanu, um die Herrschaft im Königreich Hastinapur. *Der große Roman Indiens*, erschienen 1989, bedient sich dieses volksmythologischen Werks als Rahmen für eine Geschichte des modernen Indien.

Der Titel des Romans (im englischen Original: *The Great Indian Novel*) macht gleich mehrere Anspielungen: Zunächst greift es den »Great American Novel« auf, das Ideal eines Romans über das Wesen der USA; das Wortelement *maha* bedeutet »groß«, und *Bharata* ist ein anderer Begriff für Indien. Tharoor gestaltet die Entwicklung der indischen Demokratiebewegung als einen Kampf zwischen Gruppen und Persönlichkeiten, die private und politische Interessen in Verbindung zueinander bringen. Manche Figuren in seinem Roman nehmen Bezug auf entsprechende Figuren im *Mahabharata*, oft in satirischer Absicht. Mahatma Gandhi etwa ist mit Bhishma verbunden, dem sexuell enthaltsam lebenden Sohn von König Shantanu (Gandhi lebte ebenfalls sexuell enthaltsam), und Dhritarashtra, im Epos der blinde König von Hastinapur, erscheint im Roman in Gestalt des ersten Ministerpräsidenten Indiens Jawaharlal Nehru, oft »blinder Idealist« genannt.

Tharoor vermengt Parodie, Ironie, Anspielungen und Wortspiele zu einer Erzählung, die so komplex und verworren ist wie ihr historischer Stoff. Mit satirischem Elan betrachtet er viele Aspekte der modernen indischen Geschichte und Kultur, auch solche, die bis dato als »heilige Kühe« galten, wie seine ehrfurchtslose, sarkastische Darstellung Gandhis. Kenntnisse des *Mahabharata* und der indischen Politik sind bei der Lektüre des *Großen Romans Indiens* sicher von Vorteil, aber man kann sich die Objekte seines Spotts auch parallel dazu erschließen und zieht auf diese Weise großen Gewinn aus Tharoors klugem, witzigem und informativem Werk.

VLADIMIR NABOKOV
FAHLES FEUER

Worum es geht

Ein Roman in Gestalt eines 999 Zeilen langen Gedichts
samt Vorwort, Kommentar und Register,
alles zusammen eine experimentelle Abhandlung
über Erinnerung, Wahnsinn und Tod.

Die Erkenntnis daraus

Erinnerungen werden im Hirn in erzählbare Formen
gebracht und sind Konstrukte mit kreativem Anteil,
was dazu führen kann, dass sie unzuverlässig
und trügerisch sind.

Dieses ungewöhnliche Werk nimmt den postmodernen Roman und die moderne Metafiktion vorweg. Der 1962 erschienene »Roman« – Nabokov hätte den Anführungszeichen sicher zugestimmt, er selbst hat einmal trocken bemerkt, das Wort »Realität« sollte stets in Anführungen gesetzt werden – ist mit einem ausführlichen Anmerkungsapparat unterlegt, der einen kritischen Kommentar zu dem in jambischen Fünfhebern verfassten Heldengedicht bildet.

Dessen Schöpfer John Shade, ein älterer amerikanischer Dichter von Rang, wurde ermordet, als er sein großes Werk (fast) vollendet hatte, in dem er die Tragödien und Verluste seines Lebens aufrollt und über das Wesen des Todes reflektiert.

Das Gedicht gelangte in den Besitz des Literaturdozenten Charles Kinbote, der mittels seiner Kommentare eine ganz andere, nämlich seine eigene Geschichte zu erzählen hat. Ob Kinbote verrückt ist oder nicht, weiß man nicht so genau.

Nabokovs Meisterwerk ist ein vielschichtiges Werk, das sich bewusst jeder Kategorisierung entzieht. Das 999-zeilige Gedicht ist eine virtuose Parodie auf die poetische Formensprache Alexander Popes mit einer Prise pastoralem, bekenntnishaftem Ton im Stil Robert Frosts. Sein Zentrum bildet die traurige Geschichte vom Selbstmord von John Shades Tochter.

Kinbotes wahnhaft wuchernder Kommentar ist lustig, traurig und düster zugleich, er steckt voller schlauer Anspielungen, Kunstgriffe, absichtlicher Irreführungen, Fehltritte und pfiffiger Scherze, die sich einer beiläufigen Lektüre nicht unbedingt erschließen. Ein Beispiel: Shade erwähnt einmal einen Zeitungsartikel, in dem ein »Chapman's Homer« genannter Home-Run beim Baseball vorkommt. Kinbote kommentiert, der Setzer habe irrtümlicherweise den Titel von John Keats' Sonett »Beim ersten Blick in Chapmans Homer« eingefügt. Der Umstand, dass Kinbote weder erkennt noch versteht, worum es hier geht, wirft die Frage nach Interpretation und Bedeutung in der Kunst auf. Dabei ist der Keats-Bezug keineswegs willkürlich gewählt, denn das betreffende Sonett ist eine Ode an die Macht der Kunst und das Staunen, das sie in der Seele der Menschen auslöst, eine tiefe Erregung, die auch die Lektüre eines so verwirrend genialen Romans wie *Fahles Feuer* auslöst.

YUKIO MISHIMA
SCHNEE IM FRÜHLING

Worum es geht

Tragische Geschichte der zum Scheitern
verurteilten Romanze zwischen Kiyoaki,
dem Sohn einer aufstrebenden Familie,
und Satoko, der schönen Tochter
einer Aristokratenfamilie im Niedergang.

Die Erkenntnis daraus

Neu aufkommende Werte der Moderne und
des Fortschritts lassen sich mit absterbenden Kulturen
und Traditionen der Vergangenheit nicht
in Einklang bringen.

Schnee im Frühling ist der erste Teil der Roman-Tetralogie *Das Meer der Fruchtbarkeit*. Das Buch erschien 1969 und spielt im Tokio des Jahres 1912, in einer Zeit gesellschaftlicher Umbrüche und des kulturellen Wandels in Japan. Im Mittelpunkt der Geschichte steht Kiyoaki Matsugae, ein feinsinniger junger Mann aus neureicher Familie, der sich in Satoko Ayakura verliebt, ein Mädchen aus aristokratischer Familie mit ausgeprägtem Traditionsbewusstsein. Die Sitte verlangt, dass Satokos Familie eine Ehe für sie arrangiert und sich die junge Frau dem althergebrachten Werberitual unterzieht. So wird Satoko mit Harunori Toin verlobt, einem Prinzen aus kaiserlichem

Adel. Kiyoaki, der seine heftigen Gefühle für Satoko aus Angst bislang verdrängt hatte, erkennt durch die Nachricht von der Verlobung, dass Satoko seine einzig wahre Liebe ist. Die beiden stürzen sich in eine wilde Affäre, die nicht sein darf und aus der nichts werden kann.

Schnee im Frühling spielt zu einer Zeit, in der sich Japan aus der Isolation seines Feudalsystems zu befreien beginnt und die Folgen der Verwestlichung auf seine kulturellen Werte zu spüren bekommt. Der Roman erkundet den Widerstreit zwischen persönlichen Wünschen und öffentlicher Rolle und das Spannungsfeld von Vergangenheit und Gegenwart. Und er befasst sich mit Menschen, die von ihren Gefühlen unterjocht und gequält werden und die Zwänge der Sitten und Bräuche empfinden, in deren Pflicht sie stehen. Er ist ein melancholisches, existenzielles Drama voll pulsierender Poesie, ausgeschmückt mit starker Natursymbolik und viel Reflexion über den Sinn des Lebens und das Wesen von Liebe und Tod.

KAZUO ISHIGURO
WAS VOM TAGE ÜBRIG BLIEB

Worum es geht

Ein Butler fortgeschrittenen Alters begibt sich auf eine Reise durch England, auf der er sein Leben im Dienst des verstorbenen Lords auf dessen Landsitz Revue passieren lässt.

Die Erkenntnis daraus

Wer seine wahren Gefühle verdrängt und verleugnet,
wird am Ende verpasste Gelegenheiten und
falsche Entscheidungen bereuen.

Erzählt wird dieser 1989 erschienene Roman anhand der Tagebucheinträge von Butler Stevens, der auf Darlington Hall dient. Unverhofft erhält er einen Brief von seiner ehemaligen Kollegin Miss Kenton, der Gefühle von einst in ihm wachruft. Der Landsitz Darlington Hall wurde verkauft und benötigt eine Haushälterin, und weil Stevens von seinem neuen Chef zu einem Kurzurlaub ermuntert wurde, verbindet er diesen mit einem Besuch bei seiner Freundin, um sie zur Rückkehr an ihre frühere Wirkungsstätte zu bewegen. Während Stevens England durchreist, denkt er zurück an sein Leben und sein Verhältnis zu seinem Vater, seinem einstigen Arbeitgeber Lord Darlington sowie Miss Kenton.

Viele Jahre lang hat Stevens Lord Darlington treu gedient, und über seine Erinnerungen wird deutlich, dass sein alter Chef im Vorfeld des Zweiten Weltkriegs mit den Nazis sympathisiert hat. Obwohl Stevens ihm gegenüber treu ergeben blieb (Lord Darlington galt ihm stets als respektabler Mann), beunruhigt ihn, ob er sich in Bezug auf den wahren Charakter seines Herrn vielleicht getäuscht hat.

Während Stevens sich seinem Ziel nähert, treten auch immer mehr Details und Gedanken über sein Verhältnis zu Miss Kenton zutage, und man gewinnt zunehmend den Eindruck, dass eine liebende Zuneigung zwischen beiden bestand, die mit Rücksicht auf den Beruf unterdrückt wurde. So manches Mal hätte das Paar durchaus seinen Gefühlen freien Lauf lassen können, doch Stevens' seiner dienenden Rolle geschuldete Untertänigkeit und Zurückhaltung ließen ihre Beziehung nicht weiter gedeihen – eine verpasste Chance, die der alte Butler nun erkennt und zutiefst bedauert.

In *Was vom Tage übrig blieb* zeichnet Ishiguro das berührende, traurige Porträt eines Mannes, der sein Leben einer bestimmten Vorstellung von Dienst und Pflicht geweiht hat. Dazu gibt er Einblicke in ein Klassensystem, das den Menschen eine Rangordnung auferlegt und damit ihre Chance auf Glück und Selbstentfaltung durchkreuzt.

JACK KEROUAC
UNTERWEGS

Worum es geht
Autobiografisch grundierter Roman über eine Reihe wilder Fahrten durch das Amerika der späten 1940er-Jahre auf der Suche nach Unabhängigkeit und »berauschenden« Erfahrungen.

Die Erkenntnis daraus
Auf seiner Reise hin zu spiritueller Selbsterfahrung und Freiheit sollte man im Moment leben und offen sein für das Unerwartete.

Unterwegs (Originaltitel: *On the Road*, 1957) erzählt von mehreren Reisen quer durch Amerika, die der Erzähler Sal Paradise mit seinem Freund, dem eigenwilligen Hipster Dean Moriarty, unternimmt. Währenddessen haben die beiden Männer jede Menge Liebesaffären, gehen auf Partys, jobben zwischendurch, nehmen Drogen und hören Jazz. Sehr viel Jazz ...

Dieser Roman wurde erst zum Manifest und später zum literarischen Denkmal jener US-amerikanischen Gegenkultur, die Kerouac »Beat Generation« nannte. Diese Generation hatte die Weltwirtschaftskrise und den Zweiten Weltkrieg durchlebt; viele ihrer Angehörigen wollten die Fesseln der Mehrheitsgesellschaft von sich werfen und suchten nach alternativen Wegen zu einem erfüllten Leben durch intensive Erfahrungen.

Stilistisch lässt Kerouac den Bewusstseinsstrom fließen und orientierte sich dabei stark an den spontanen Improvisationen im Jazz, indem er mit dem Klang von Wörtern und der gebrochenen Rhythmik von Sätzen experimentierte. Kerouac war kein Freund davon, Niedergeschriebenes noch einmal zu überarbeiten (auch wenn sich das nicht immer durchhalten ließ). Er war der Ansicht, dass die Worte auf dem Papier Ergebnis einer genuinen Eingebung waren und Umschreiben eine Form von »Selbstzensur« sei.

Unterwegs mag die Bibel der Gegenkultur sein – in seinem Kern erzählt das Buch auf zeitlose Weise von den starken Banden einer Freundschaft und dem Reisen als Medium der Begegnung und Kraftspender für Geist und Seele.

Schon gewusst?

Seine Erstfassung tippte Kerouac auf Transparentpapier, das er für die Schreibmaschine zurechtschnitt und zu einer 37 Meter langen Rolle aneinandergeklebte. Kerouac schrieb es im April 1951 in zwanzig Tagen nieder, in denen er kaum schlief und nur von Kaffee, Aufputschmitteln und Erbsensuppe lebte. Die Schriftrolle wurde im Jahr 2001 bei einer Auktion für 2,43 Millionen Dollar an einen Geschäftsmann verkauft und war in den USA, Großbritannien und Frankreich in Museen und Bibliotheken zu sehen.

MILAN KUNDERA
DAS BUCH VOM LACHEN UND VERGESSEN

Worum es geht

Ein Roman aus sieben Erzählungen mit gemeinsamer Thematik über Menschen, die nach der Niederschlagung des »Prager Frühlings« 1968 weiter in der Tschechoslowakei oder im Exil leben.

Die Erkenntnis daraus

Totalitäre Regime schreiben Geschichte um,
verändern Erinnerungen oder löschen sie aus.
Im Persönlichen entscheiden Menschen selbst,
ob sie Erinnerungen bewahren oder vergessen wollen.

Dieses Buch schrieb Milan Kundera Mitte der 1970er-Jahre im französischen Exil und es erschien 1979. Es versammelt sieben Geschichten rund um das Thema Erinnerung, ist jedoch keine herkömmliche Sammlung von Erzählungen, da sie zusammengenommen einen Roman bilden. Jeder Teil hat eine eigene Erzählerstimme, die Beobachtungen oder Gedanken zu philosophischen Fragen beisteuert; sie kreisen um das Erinnern und Vergessen, das Wesen des Lachens, den Selbsterhaltungstrieb der Menschen oder die Erfahrung des Lebens im Exil.

Die thematischen Bezüge zwischen den einzelnen Geschichten können versteckt sein oder offen zutage liegen. Die Teile 1 und 4 zum Beispiel heißen beide »Die verlorenen Briefe« und handeln von zwei Menschen, die nach Schriftstücken suchen, mit ganz unterschiedlicher Motivation. In Teil 1 versucht Mirek in Prag der Briefe seiner Geliebten habhaft zu werden, um sie wegen ihres kompromittierenden Inhalts zu vernichten; in Teil 4 versucht Tamina, die in der Emigration lebt, von Paris aus an Briefe ihres verstorbenen Mannes zu kommen, um ihre Erinnerung an ihn zu bewahren. Der Roman enthält Elemente des magischen Realismus, etwa wenn sich die toten Dichter Voltaire, Lermontow, Goethe und Petrarca begegnen, womit über das Bewahren von Geschichte und schöpferischer Eingebungen Scherz getrieben wird. *Das Buch vom Lachen und Vergessen* reflektiert über Erinnerung, die persönliche wie die historische, und betont die Wichtigkeit ihrer Bewahrung gerade angesichts totalitärer Unterdrückung.

ALICE MUNRO
WAS IN ERINNERUNG BLEIBT

Worum es geht
Nach dreißig Jahren erinnert sich eine Witwe
der Umstände einer kurzen Affäre,
dabei fällt ihr erstmals ein scheinbar
unerhebliches Detail auf.

Die Erkenntnis daraus
Was für ein Rätsel das Gedächtnis
der Menschen ist, zeigt sich darin,
woran wir uns erinnern und
was wir lieber vergessen wollen.

Diese Erzählung der kanadischen Literaturnobelpreisträgerin erschien 2001 in Munros Sammlung *Himmel und Hölle*. Die ältere Witwe Meriel erinnert sich an eine Begebenheit von früher, als sie Ende zwanzig war. Auf der Beerdigung des besten Freundes ihres Mannes Pierre lernt Meriel einen jungen

Arzt kennen. Die Beisetzung findet nahe dem Wohnort einer alten Freundin ihrer Mutter statt, daher beschließt Meriel, sie zu besuchen. Der Arzt bietet ihr an, sie hinzufahren, und die beiden haben ein kurzes intimes Stelldichein. Die Affäre währte nur einen einzigen Tag, und Meriel hatte nie wieder Kontakt zu dem Arzt, dennoch kommt ihr dieser Tag immer wieder lebhaft in Erinnerung.

Bei ihrer Rückschau nun denkt Meriel an einige Gegebenheiten während der mit dem Arzt verbrachten Zeit, wobei sie im Kopf eine Parallelerzählung entwickelt, in der sie den Schauplatz, Szenen und Details ändert und darüber sinniert, wie anders ihr Leben wohl hätte verlaufen können. Diese Flucht ins Ausgedachte ist letztlich von großer Bedeutung für Meriels Selbstbewusstsein. Obwohl es nur um einen ganz kurzen Moment in ihrem Leben geht, ist der Akt des Erinnerns an diesen Moment, in dem sie sich so lebendig fühlte, für sie überaus intensiv. »Was sie ihrer Ansicht nach zu tun hatte, das war, sich an alles zu erinnern – und mit ›erinnern‹ meinte sie alles im Geiste noch einmal durchleben – und es dann für immer wegtun.«

DANK

Ich möchte gern folgenden Menschen und Institutionen danken, deren Unterstützung beim Schreiben dieses Buches von unschätzbarem Wert war. Meiner Lektorin bei Michael O'Mara Books, Louise Dixon, für ihre Geduld und Hilfe und dafür, dass sie dieses Projekt in den Verlag geholt hat. Meredith MacArdle dafür, dass sie meinen ausschweifenden Stil zurechtgestutzt hat. Natasha le Coultre für ihren schönen Buchumschlag und Ed Pickford für das elegante Layout der englischen Ausgabe. R Lucas und dem Team der Bibliothek der University of Sussex dafür, dass sie mir Tausende Bücher zugänglich gemacht haben. Außerdem allen Bibliotheken, Buchhändlerinnen und Buchhändlern, Buchhandlungen und Buchkäufern, Autorinnen und Autoren, Verlegerinnen und Verlegern sowie allen Menschen weltweit, die dem gedruckten Wort dienen und es bewahren.

REGISTER DER AUTORINNEN UND AUTOREN

Achebe, Chinua 108
Amado, Jorge 54
Armah, Ayi Kwei 132
Atwood, Margaret 126
Austen, Jane 27

Baldwin, James 104
Bellow, Saul 162
Borges, Jorge Luis 143
Brontë, Charlotte 18
Brontë, Emily 29
Bulgakow, Michail 117
Burgess, Anthony 67

Camus, Albert 155
Carver, Raymond 105
Cervantes, Miguel de 146
Coetzee, J. M. 123
Conrad, Joseph 128

Dazai, Osamu 158
Dickens, Charles 50, 89
Dostojewski, Fjodor M. 169

Eliot, George 70
Ellison, Ralph 110

Faulkner, William 184
Fitzgerald, F. Scott 74
Flaubert, Gustave 20
Ford, Ford Madox 41
Forster, E. M. 44

Gallegos, Rómulo 190
García Márquez, Gabriel 23
Goethe, Johann Wolfgang von 33
Gogol, Nikolai 52
Golding, William 95
Gontscharow, Iwan 150
Gordimer, Nadine 192
Grass, Günter 124
Greene, Graham 148

Hamsun, Knut 165
Hardy, Thomas 39
Hašek, Jaroslav 134

Heller, Joseph 130
Hemingway, Ernest 86
Hugo, Victor 88
Huxley, Aldous 140

Ishiguro, Kazuo 203

James, Henry 93
Joyce, James 177

Kafka, Franz 84
Kerouac, Jack 205
Kesey, Ken 121
Kundera, Milan 207

Laclos, Choderlos de 35
Lawrence, D. H. 37
Lee, Harper 99
Lermontow, Michail 62
Levi, Primo 115
Lu Xun 60

Mann, Thomas 80
Mishima, Yukio 202
Morrison, Toni 119
Munro, Alice 209
Murakami, Haruki 171
Murdoch, Iris 187

Nabokov, Vladimir 25, 200

O'Connor, Flannery 97
Orwell, George 64

Pamuk, Orhan 195
Plath, Sylvia 153

Poe, Edgar Allan 181
Pynchon, Thomas 138

Rabelais, François 82
Richardson, Samuel 167
Roth, Philip 91
Roy, Arundhati 42
Rushdie, Salman 193

Salinger, J. D. 163
Shelley, Mary 175
Sōseki, Natsume 57
Spark, Muriel 68
Steinbeck, John 76
Sterne, Laurence 160
Stevenson, Robert Louis 179
Swift, Jonathan 100

Thackeray, William Makepeace 78
Tharoor, Shashi 198
Tolstoi, Leo 31
Tschechow, Anton 46
Twain, Mark 72

Vonnegut, Kurt 113

Walker, Alice 142
Waugh, Evelyn 58
Wilde, Oscar 173
Wolfe, Tom 102
Woolf, Virginia 188

Zola, Émile 135

REGISTER DER WERKE

1984 64

Die Abenteuer des Augie March 162
Die Abenteuer des Huckleberry Finn 72
Die allertraurigste Geschichte 41
Alles zerfällt 108
Der alte Mann und das Meer 86
Amerikanisches Idyll 91
Anna Karenina 31

Das Bildnis des Dorian Gray 173
Bildnis einer Dame 93
Die Blechtrommel 124
Die Blütezeit der Miss Jean Brodie 68
Der brave Soldat Schwejk 134
Das Buch vom Lachen und Vergessen 207
Burgers Tochter 192

Catch-22 130

Die Dame mit dem Hündchen 46
Der Dämon der Perversität 181
David Copperfield 50
Don Quijote 146
Doña Bárbara 190

Ein Held unserer Zeit 62
Eine Handvoll Staub 58
Eine kleine, gute Sache 105
Einer flog über das Kuckucksnest 121
Die Elenden 88
Die Enden der Parabel 138

Fahles Feuer 200
Der Fänger im Roggen 163
Die Farbe Lila 142
Fegefeuer der Eitelkeiten 102
Frankenstein 175
Der Fremde 155

Gargantua und Pantagruel 82
Gefährliche Liebschaften 35
Germinal 135
Gezeichnet 158
Die Glasglocke 153
Der Gott der kleinen Dinge 42
Große Erwartungen 89
Der große Gatsby 74
Der große Roman Indiens 198
Gullivers Reisen 100

Herr der Fliegen 95
Herren des Strandes 54
Herz der Finsternis 128
Das Herz aller Dinge 148
Hunger 165

Ich der Kater 57
Ist das ein Mensch? 115

Jahrmarkt der Eitelkeit 78
Jane Eyre 18

Leben und Zeit des Michael K. 123
Die Leiden des jungen Werthers 33
Die Liebe in den Zeiten der Cholera 23
Liebende Frauen 37
Lolita 25
Die Lotterie in Babylon 143

Madame Bovary 20
Das Meer, das Meer 187
Der Meister und Margarita 117

Menschenkind 119
Middlemarch 70
Mitternachtskinder 193
Mrs Dalloway 188
Das Museum der Unschuld 195

Oblomow 150

Pamela 167

Der Report der Magd 126

Schall und Wahn 184

Schlachthof 5 113
Schnee im Frühling 202
Schöne neue Welt 140
Die Schönen sind noch nicht geboren 132
Schuld und Sühne 169
Der seltsame Fall des Dr. Jekyll und Mr Hyde 179
Stolz und Vorurteil 27
Sturmhöhe 29

Tagebuch eines Verrückten 60
Tess von den d'Urbervilles 39
Die toten Seelen 52
Tristram Shandy 160

Uhrwerk Orange 67
Ulysses 177
Der unsichtbare Mann 110
Unterwegs 205

Die Verwandlung 84
Von dieser Welt 104
Von Mäusen und Menschen 76

Was in Erinnerung bleibt 209
Was vom Tage übrig blieb 203

Die Weisheit des Blutes 97
Wer die Nachtigall stört 99
Wilde Schafsjagd 171

Der Zauberberg 80
Zimmer mit Aussicht 44